W0241742

MES PETITES

Routines

ASTROLOGIE

pour révéler son potentiel

ÉNERGIE ZODIACALE • PORTRAITS DE SIGNES
RITUELS DE SAISON

MARABOUT

BÉLIER
TAUREAU

21 mars
21 juin

MA ROUTINE ASTRO DU **PRINTEMPS**

Pour comprendre la saison et les signes qui la composent, il faut visualiser une plante qui sort de terre. Une petite pousse fragile qui lutte, millimètre par millimètre, pour se frayer un chemin vers la lumière. Cette plante est le symbole de l'être qui se construit pendant l'enfance et mobilise toute sa force pour survivre et exister. Elle émerge du sol en Bélier, comme le nourrisson sort de l'obscurité du ventre maternel. Puis elle se développe en Taureau, à l'image de l'enfant qui grandit et prospère. Enfin, elle interagit avec son environnement en Gémeaux, comme l'enfant qui découvre le monde.

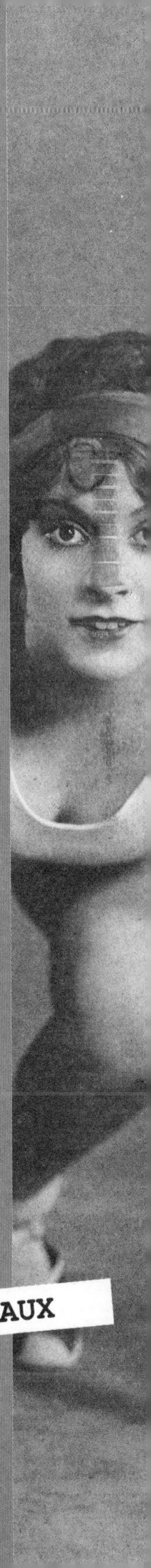

GÉMEAUX

Printemps

UNE ÉNERGIE À TOUTE ÉPREUVE

Le Printemps est une période « sèche », c'est-à-dire qu'aucun des trois signes qui la composent ne fait partie des signes d'Eau : or l'eau symbolise tout ce qui se rattache aux émotions et elle a tendance à diluer l'énergie ou à la faire refluer.

Le Réveil

Vous l'attendiez de pied ferme et il revient : le Soleil. Le Printemps démarre avec un équinoxe, ce qui signifie nuit et jour seront de durée égale. Fini les longues nuits d'Hiver qui se sont étirées sur vos départs au boulot ou à l'école le matin et qui ont assombri la fin de vos journées. Stimulée par la lumière, la nature, bien cachée dans les tréfonds de la terre, met toutes ses capacités en jeu pour renaître. L'Air transporte graines et pollens pour perpétuer la vie. C'est un recommencement : les feuilles, les plantes repoussent, les bourgeons apparaissent, la sève remonte au creux des arbres, les animaux pointent le bout de leur museau en dehors de leur terrier, les insectes se remettent au travail. Entre mars et juin, l'activité de la nature est intense !

Ce que cela signifie pour vous

- La lumière est croissante, tout comme l'énergie qui va traverser votre corps et votre esprit : les nuits raccourcissent, vous n'avez plus envie de vous retrancher en vous-même. Place à l'impulsion et à l'envie de faire !
- La saison encourage l'ouverture d'esprit, même pour les plus sarcastiques : la clarté fait sauter tous les verrous soigneusement élaborés pendant l'Automne et l'Hiver. Ce qui pouvait vous sembler impossible, épuisant ou même de mauvais goût vous apparaît sous un autre jour (tout est une question d'angle) : vous avez besoin de sortir de votre zone de confort. Entamer une carrière de pépiniériste alors que vous êtes comptable, commencer le Roller Derby, partir seul.e en voyage ? Pourquoi pas ! Vous vous demandez : par quel biais exister ?

L'aube

Pour comprendre la promesse du Printemps, on peut se figurer un petit matin silencieux, soudain animé par la lumière rasante du Soleil. Ce moment est une montée en puissance où il n'y a pas de place pour le doute : les êtres sont mus, inexorablement, par une énergie invisible.

La saison marque, dans la mythologie grecque, le retour de Perséphone enlevée par le dieu des Enfers, Hadès. Sa mère, la déesse Déméter, symbole de la Terre, laisse éclater sa joie en faisant repousser les plantes après son désespoir Hivernal. Dans la tradition anglo-saxonne, c'était la déesse Eostre qui parcourait la campagne à l'aube pour réveiller la nature : devenue **Ostara** dans la tradition païenne moderne, on ne connaît pas bien son origine, mais elle semble être la synthèse de toutes les figures féminines païennes liées à l'équinoxe. Son nom vient de la déesse grecque, Eos, qui, comme la déesse védique Ushas, signifie « aube ».

Ce que cela signifie pour vous

- Cette nature qui s'éveille, qui reprend son souffle, c'est vous. Vous entrez symboliquement dans une phase diurne dont les mots clés sont : **entreprendre, créer et échanger.**
- La saison vous donne le courage, la détermination et la virtuosité d'exister de manière plus vraie, plus cohérente. En recommencement d'un nouveau cycle, vous bénéficiez d'une nouvelle chance de mieux vous connaître et de mieux vous accepter. Il s'agit d'être en accord avec ce qui constitue votre personnalité intrinsèque, de la révéler tout en l'affinant à chaque recommencement ; de réussir à circonscrire votre désir profond, le sens inné de votre être au monde.

Printemps

L'énergie

Votre corps : la course à plein régime

Armé.e.s de tasses de boissons chaudes, sous votre plaid pour lutter contre la météo, vous avez imité la nature pendant l'Hiver. Mais votre corps se remet en route et il a envie de vibrer : vous arrêtez de vous cacher derrière votre mug. Fini les gros pulls, vous refaites le plein de vitamine D. Elle, c'est un peu la reine pour booster tous les trucs en -ine dont on a besoin et qui font du bien quand ils sont bien dosés : dopamine (un neurotransmetteur qui agit sur le plaisir), sérotonine (une hormone qui amplifie le contentement) et mélatonine (une hormone qui joue sur le rééquilibrage du sommeil). Cela se traduit par une envie de pique-niques et de verres en terrasse, d'orgie de cerises, de crush amoureux et de vêtements confortables !

Ce besoin de capitaliser toutes les sensations est amené par le rayonnement du Taureau, signe fixe, qui canalise l'énergie pour mieux l'intégrer. Vénus, qui domine le signe, influe sur vos sensations et son élément, la Terre, permet de les matérialiser en des gestes concrets.

Votre mental : le virage à 90 degrés

Comme la nature qui s'épanouit et se révèle sous les rayons du soleil, votre esprit est hyperactif : vous avez une grande énergie mentale. Ce côté touche-à-tout vous pousse à vous confronter aux autres, à vous ouvrir à de nouvelles perspectives, ou à entamer un chemin intellectuel inédit. Votre curiosité est votre moteur, l'ouverture d'esprit, votre maître-mot. Vous avez besoin de toucher à tout et de semer vos idées comme des petits cailloux, façon Petit Poucet qui ne cherche pas ses parents, mais le chemin de la nouveauté, quitte à faire un burn-out intellectuel.

Cette capacité de communication décomplexée vous est apportée par le dernier signe de la saison, le Gémeaux, gouverné par Mercure, qui influe sur votre intellect. C'est un signe mutable qui pousse à la transformation et à l'échange : son élément, l'Air, transporte son énergie.

Vos actions : le démarrage en côte

L'énergie de la saison ? Le « Poussez-vous, je suis là » de l'enfant qui apprend à exister.

Comme lui, vous êtes dans la volonté de puissance : vous révélez votre personnalité brute, sans vous préoccuper des conventions assimilées par adaptation. Vous n'avez pas le temps de dissimuler, d'enrober, de mettre du sucre pour faire passer ce que vous avez à dire ou ce que vous êtes. Cette dynamique vous permet de laisser de côté les choses (et les gens) qui vous freinent et de ne pas perdre de temps dans des échanges stériles. Vous ne vous encombrez pas de considérations émotionnelles compliquées : vous avancez.

Cet élan soudain vient du Bélier, qui entame la saison : c'est un signe cardinal, qui impulse le mouvement. Sa planète maîtresse, Mars, va influer sur votre motivation, tandis que son Feu libérateur vous donnera de l'inspiration pour la mettre en œuvre.

mes RITUELS

LE GRAND NETTOYAGE

Le « nettoyage de Printemps » est une tradition du monde agricole : il consiste à vider les pièces où l'on entassait les récoltes pour faire de la place aux suivantes. Tout est résumé dans cette idée d'un retour cyclique à l'origine : on fait place nette.

Ne vous embarquez pas dans une révolution complète : fermez les yeux et essayez de visualiser le monstre dans le placard. Qu'est-ce qui vous encombre ?

Une relation toxique, un boulot qui ne vous convient pas, des habitudes que vous vous imposez, des objets qui vous débordent ? Élaguez. La saison est dynamique, instinctive et non axée sur les émotions : cette absence de sensibilité est une aubaine. Elle vous aide à avoir la tête froide et à agir sans trop vous culpabiliser. Vous savez ce qui est bon pour vous et comme tout ce qui peuple la Terre, vous avez le sens de votre propre survie.

Printemps

4 façons de profiter de la saison du Bélier : le Renouveau.

L'équinoxe du Printemps annonce le recommencement de l'année zodiacale et les jours rallongent ! Vous allez peut-être vous sentir exister, au sens étymologique du terme : sortir de terre. Les deux pôles, physique et mental, agissent comme un grand coup de fouet symbolique, après l'introspection de l'Hiver. Le réveil est total !

1 **Entamer des projets.** Utilisez l'impulsion de la saison et adoptez l'adage du signe : si ça ne marche pas, je recommencerai autre chose ! Son mode cardinal le pousse à entreprendre sans cesse : visualisez-vous en train de lancer plusieurs lignes dans une rivière et d'attendre de voir si ça mord ! Il y a bien un projet, une idée qui va prendre forme. N'attendez pas la perfection, ne restez pas bloqué.e sur les points de détails : soyez brouillon.ne, vous avez le droit.

2 **Avoir des idées.** « Je pense donc je suis » a écrit Descartes, célèbre natif du signe qui a changé les bases de la philosophie en la centrant sur le sujet : Mercure sublime les intuitions du Bélier, et vous devez surfer sur cette vague mentale pour transformer vos instincts en illuminations. Prenez un carnet et notez ce qui vous passe par la tête, car c'est au vol que vous capterez peut-être un concept qui détournera le cours de votre vie.

3 **Profiter de la solitude.** Vous n'aurez besoin de personne lors de cette saison : l'incroyable capacité du Bélier, liée à l'influence de Mars, une planète d'affirmation, est justement celle de l'autosuffisance. Faire des choses pour soi et les faire seul.e peut paraître vertigineux à certain.e.s, mais c'est un exercice qui permet de se retrouver, de comprendre que l'on peut être son.sa meilleur.e allié.e.

4 **Oser le refus.** Dire « je n'accepte pas ça », c'est créer vos propres limites. Pensez à Lady Gaga, Bélier jusqu'au bout des ongles et à son discours sur **le pouvoir de dire non :** suivez votre intuition, même si cela ne fait pas plaisir aux autres et refusez des situations qui ne vous conviennent pas, car c'est salutaire. N'essayez pas de vous plier aux habitudes, n'ayez pas peur de passer pour un.e relou.e. Vous savez ce qui est bon pour vous.

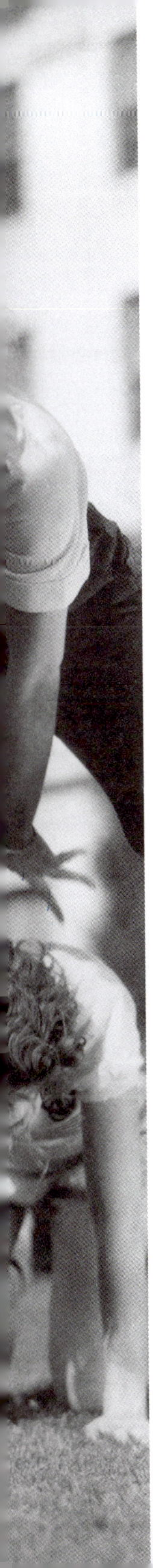

L'ÂGE MENTAL DES SIGNES

BÉLIER

Le petit frère de 4 ans qui vient d'avoir un sabre laser, fait des va-et-vient dans le couloir en hurlant et ne s'arrête que pour poser des questions dont on ne connaît pas la réponse.

TAUREAU

La grand-mère de 89 balais qui fait des confitures chez elle et ne parle pas aux autres vieux parce qu'elle les trouve trop nazes.

GÉMEAUX

La nièce de 9 ans qui intervient dans les discussions politiques mais sort de table pour aller jouer aux petits poneys.

CANCER

La mère de 43 ans qui en a marre de faire plaisir à tout le monde et veut tout plaquer pour aller faire du macramé en Inde.

LION

Le cousin de 17 ans qui se la pète parce qu'il a déjà fumé une clope.

VIERGE

Le père de 48 ans qui essaie de paraître cool parce qu'il connaît le mot « swag » mais n'a pas tout à fait compris ce que ça veut dire.

BALANCE

La cousine de 32 ans qui a un job dans la mode, invite tout le monde aux ventes privées et veut emmener mamie en boîte.

SCORPION

La sœur gothique de 14 ans qui lève les yeux au ciel dès qu'on lui adresse la parole mais fait encore des câlins à son doudou le soir.

SAGITTAIRE

Le frère de 26 ans qui est parti en trek au Rajasthan (ou en prison) et dont on ne sait jamais vraiment s'il va revenir.

CAPRICORNE

La tante célibataire de 50 ans qui est artiste contemporaine et ne vient jamais aux anniversaires.

VERSEAU

Le grand-père de 72 balais qui débranche ses appareils auditifs aux repas de famille et sourit en hochant la tête parce qu'il s'en fout.

POISSONS

La tante baba cool de 66 balais qui fume des pets à table, veut convertir tout le monde au bouddhisme et arrive toujours en retard parce qu'elle s'est perdue en chemin.

4 façons de profiter de la saison du Taureau : la prospérité

La saison du Taureau symbolise un moment d'équilibre dans le Printemps : c'est une installation. La nature cherche à s'épanouir, à absorber tous les nutriments qui la rendront résistante. Ce qui était en germe devient incarné et réel : elle prend une infinité de formes différentes. L'énergie de la saison est réceptive : comme le Taureau prospère dans son carré d'herbe, amasse et capitalise les bienfaits de la nature dans son corps, lourd et lent, vous allez ressentir l'envie de vous soucier de votre être matériel.

1. **Commencer une routine.** Trouver votre routine ce n'est pas vous lever à 6 heures du matin pour vous préparer un jus de citron bio, mais juste morceler une activité qui vous fait du bien dans le temps : la répétition mène souvent à la plénitude. Grâce à son mode fixe, chaque Taureau pourrait sans problème écrire un livre d'astuces pour améliorer son quotidien et nous devrions en prendre de la graine. Être casanier n'est pas une tare ! Plongez-vous dans l'excellent ouvrage *Chez Soi, une Odyssée de l'espace domestique* de Mona Chollet (une Taureau typique) et comprenez l'importance de ce processus.

2. **Ne rien faire.** Nous avons peu l'occasion d'être dans un mode contemplatif : notre société nous pousse à être productif.ve, même dans nos loisirs. Personne ne sait profiter de l'instant comme le.la Taureau, qui reçoit des ondes telluriques et est animé par la matérialité bienveillante de Vénus : il.elle sait que c'est dans le moment présent que résident les plus belles expériences. Alors ralentissez et imitez sa rumination cosmique : ne méditez pas, ne lisez pas, ne listez pas. Ne faites rien, du tout .

3. **Persister.** Nous avons tendance à zapper, à vite passer à autre chose quand la réalité nous déçoit. Quand le.la Taureau se déplace, c'est pour aller jusqu'au bout et rien ne le fera dévier de sa course. Comme lui, nous devons apprendre à ne pas nous décourager : l'énergie de la saison nous pousse à nous engager totalement dans nos buts et à les poursuivre sans relâche. Pensez à Léonard de Vinci, natif du signe, et à sa quête de créativité sans fin, qui l'a poussé à explorer toutes ses capacités et ses idées jusqu'à son dernier souffle.

4. **Oser l'égoïsme.** La perspective d'être dehors après 20 heures vous donne envie de pleurer, mais vous vous sentez obligé.e de faire acte de présence à une soirée : annulez ! On vous demande de prendre parti dans une interaction où tout le monde à tort ? Ne vous impliquez pas ! Le Taureau ne se sent obligé.e par rien ni personne : c'est sa force centrifuge. Il sait faire preuve d'immobilisme et rester à la bonne distance des ennuis quand c'est nécessaire.

LES SIGNES APRÈS AVOIR DIT DES HORREURS DANS UNE EMBROUILLE

BÉLIER
Vas-y, ouais je l'ai dit, et tu vas faire quoi ?

TAUREAU
Je n'ai jamais dit ça.

GÉMEAUX
Va sur Google, tu verras que c'est pas une insulte.

CANCER
Tu ne comprends jamais ce que j'essaie de t'expliquer !

LION
C'est pas ma faute si tu interprètes TOUT mal.

VIERGE
Je n'utilise pas ce genre de terminologie. Déso.

BALANCE
Je l'ai dit d'accord, mais en vrai, c'est pas grave.

SCORPION
C'est méchant, mais c'est peut-être aussi la vérité.

SAGITTAIRE
Ah on chouine ? Tu veux que j'appelle ta maman ?

CAPRICORNE
Je retire ce que j'ai dit mais je le pense quand même.

VERSEAU
Je n'ai pas dit ça. J'ai cessé d'écouter avant.

POISSONS
J'ai dit ça moi ? Ah ouais. Marrant.

Printemps

4 façons de profiter de la saison du Gémeaux : l'exploration

La germination est terminée, et les feuilles foisonnent : la nature s'adapte et échange avec le milieu ambiant, respire et crée de l'énergie. Elle bourdonne, se déplace, se transforme : l'énergie part dans toutes les directions ! Jamais dans l'année, les nuits ne seront plus courtes : l'ultradominance du jour bo Été oste tout le monde.

1 **Socialiser.** L'Air tourbillonnant et l'envie de changement du Gémeaux vous agitent et c'est très bien ! Vous aurez peut-être du mal à vous concentrer, mais ce n'est pas le but : accueillez la cacophonie ambiante avec bienveillance, vous y trouverez des choses que vous ne soupçonnez pas ! La curiosité légendaire du Gémeaux est un atout et vous permet de bousculer un peu vos habitudes.

2 **Écrire.** Il n'est pas anodin que pléthore d'artistes soient nés sous le signe de la saison : c'est l'inspiration mercurienne. De Voltaire à Tupac, en passant par Arthur Conan Doyle ou Lana Del Rey, les Gémeaux sont partout dès qu'il s'agit de s'exprimer. Capable de capter les idées neuves, ils les transforment selon leurs capacités. C'est le moment de communiquer vos pensées, de vous atteler à un projet d'écriture qui couve depuis longtemps : musicale, poétique, professionnelle, peu importe. Lancez-vous dans le game, vous en aurez l'inspiration.

3 **Dire ce que vous pensez.** D'accord, il ne faut pas se calquer sur certains natifs du signe, dont Kanye West est un exemple parfait (quelqu'un de brillant mais qui dit tout ce qui lui passe par la tête) : mais vous pouvez vous appuyer sur leur formidable sens de la communication, impulsé par Mercure, pour aller droit au but dans vos échanges et ne plus vous cacher derrière un ennui poli.

4 **Oser la distance.** Signe d'Air, mutable, le Gémeaux est un insaisissable et très indépendant : la saison, même si elle est éminemment sociale vous pousse à la circonspection, et à ne vous laisser déborder ni par l'attitude des autres, ni par vous-même. Vous avez envie de légèreté et de facilité, et ce n'est pas un élan superficiel : juste un besoin de laisser les problèmes de côté. Pensez à Prince, qui a changé d'alter ego de multiple fois lors de sa carrière, et à sa chanson magnifique « Sometimes it's snows in April » dans laquelle il parle de lui comme d'un autre, et par là même se distancie de sa propre mort.

LES SIGNES EN SITUATION DE CRISE

BÉLIER

Demande aux gens de se calmer, fait semblant d'écouter leurs arguments, finit par hurler sur tout le monde.

TAUREAU

Se réfugie sous la couette, binge-watcher sa série préférée, ne répond pas au téléphone.

GÉMEAUX

Cherche une solution sur Internet, ne trouve pas, élabore des théories fumeuses.

CANCER

Essaie d'apporter son aide à chacun, craque nerveusement, dit : « Démerdez-vous. »

LION

Dit: « Mais ça vaaa », propose de faire des trucs dangereux, fait pleurer le Scorpion de rage.

VIERGE

Se plaint de ne pas pouvoir se concentrer car tout le monde parle en même temps, demande de l'aspirine.

BALANCE

Rappelle son ex pour lui demander conseil, finit par faire des selfies pendant que tout le monde s'engueule.

SCORPION

Panique, énumère toutes les pires éventualités dans sa tête, dit : « Ne paniquez pas. »

SAGITTAIRE

Propose des solutions impossibles à appliquer, crie à la Vierge d'arrêter de se plaindre.

CAPRICORNE

Oppose un silence agressif à toute manifestation émotionnelle, répond par monosyllabes.

VERSEAU

Contre toutes propositions avec des arguments énervants, dit : « Vous faites ce que vous voulez. »

POISSONS

Propose des « herbes relaxantes » aux autres, se moque de ceux qui paniquent, se fait hurler dessus par le Bélier.

Bélier

9 ÉTAPES POUR ÊTRE BIEN DANS VOTRE SIGNE

❶ Répéter votre mantra

Je peux le faire !

❷ Connaître votre symbolisme

J'existe

Votre Symbole : un bovidé à corne. Mammifère agressif et entêté, qui fonce tête baissée. Synonyme de vigueur dans beaucoup de cultures, le Bélier semble recevoir une décharge électrique venue d'on ne sait où et réagir de manière instinctive à ce stimuli.
Votre Glyphe : ♈ deux cornes tournées vers le ciel qui évoquent la réception des idées et le jaillissement incontrôlé de la vitalité.
Votre Planète : Mars. C'est l'astre de l'énergie vitale et des objectifs, qui vous encourage à l'action et libère vos instincts, encore et toujours.
Votre Mode : fixe. Premier signe de ce mode, vous démarrez le Printemps et défrichez le chemin encore Vierge du Zodiaque.
Votre élément : Feu. Une Flamme jaillissante, qui pétarade et éclate dans toutes les directions.
Votre énergie : Émissive. Des ondes dynamiques vous traversent et vous les restituez de manière désordonnée et sincère.
Votre place dans le Zodiaque : l'enfant qui naît. On sait qu'il faut un instinct de vie considérable au nourrisson pour sortir du ventre maternel : il n'y a rien de puéril là-dedans ! Comme lui, vous êtes traversé.e par des émotions puissantes et des sensations que vous ne pouvez pas toujours interpréter.
Votre position : premier signe. Le chiffre un est celui de la verticalité : c'est le début et la fin des choses. C'est la potentialité et la puissance en germe.

❸ Rebondir sur ce qui vous précède

Le grand mélange du Poissons

Vous héritez de la riche eau de son océan, que vous ramassez en une graine pleine de potentiel : son relativisme, lié au mode mutable, vous angoisse : recommencez en **Maison I,** celle de **l'être au monde.**

❹ Accepter votre mission sur terre

Ouvrir la voie

Vous ouvrez la voie et cette course vers l'inconnu est à la fois excitante et génératrice d'angoisses. Vous pourriez attendre que d'autres passent avant vous : si vous vous prenez la tête c'est par besoin d'entreprendre. L'inertie vous déprime, les tergiversations vous agacent : vous avez envie que le job soit fait. Vous vous fichez d'être récompensée.e, admiré.e : vous avez juste horreur d'être spectateur ou spectatrice des évènements.

Le GRAND QUIZ

À QUEL POINT ÊTES-VOUS BÉLIER ?

1. Votre passion
♦ Flirter
■ Travailler
▲ Monter des meubles Ikea en tapant sur les planches avec vos poings

2. Ce que vous dites
♦ « Oh mon dieu, ton point de vue est tellement éclairant ! Merci de l'avoir partagé avec moi ! »
▲ « Je ne t'agresse pas, je t'explique. »
■ « J'ai adoré le dernier livre de [insérer le nom d'un.e auteur.e obscur.e] ! »

3. Quand vous allez mal
▲ Vous pleurez de rage et vous redoublez de colère car les gens croient que vous êtes triste
♦ Vous prenez le temps d'exprimer clairement votre problème
■ Vous travaillez

4. Généralement, vous vous sentez fatigué.e à cause
■ Du boulot
♦ Du sport
▲ De l'énergie que vous avez dépensée en insultant les gens sur la route en allant au boulot

5. Lorsque vous vous sentez mal à l'aise dans une soirée, vous…
♦ Essayez de vous mélanger à la foule
■ Mangez tout ce qu'il y a au buffet
▲ Faites des blagues à vous-même en riant très fort

6. Lorsque quelqu'un vous plaît, vous :
■ Lui écrivez des lettres enflammées
▲ Vous moquez ouvertement de lui. elle
♦ Cherchez à savoir quelles sont ses passions

7. Au boulot
▲ Vous envoyez bouler votre chef
■ Vous êtes impliqué.e
♦ Vous apportez des croissants le matin

Majorité de ▲
Bravo ! Vous êtes un.e vrai.e Bélier !

Majorité de ♦ et/ou de ■
Attention ! Vous pourriez très bien être Balance ♦ ou Capricorne ■ ! Ajoutez un soupçon d'agressivité dans votre vie, passez moins de temps à écouter les autres et vous atteindrez le super pouvoir de votre signe : ne jamais se décourager !

Bélier

5 Comprendre votre peur

Le vide

Plus que tout autre signe, vous craignez l'ennui : la contemplation n'est pas votre fort, l'idée de vous laisser vivre vous effraie plus que tout. Vous évoluez en Maison I, celle de la personnalité : vous arrêter, c'est peut-être apercevoir que le bout de la route est flou, et vous n'en avez pas envie. Le passé ne vous effraie pas, mais vous ne voulez pas vous y attarder non plus : vous préférez regarder vers le sol, être dans le moment présent et avancer, quitte à vous prendre quelques murs.

6 Relever votre défi

Surmonter votre méfiance

Le Bélier avance, toutes cornes dehors, mais avec une patte en arrière, prêt à reculer : on ne peut pas l'emmener là où il ne veut pas aller et ses crispations sont imprévisibles. Vous suivez aveuglément vos intuitions, qui peuvent vous faire passer à côté de relations intéressantes. Si vous contactez votre opposé complémentaire, la Balance, vous trouvez en vous la ressource pour mobiliser votre raison et composer avec les autres.

7 Prendre conscience de votre atout

La résilience

Vous savez accepter les aléas de la vie et faire preuve d'acceptation quand elle vous malmène : votre grande force mentale est de ne pas vous attarder sur les ratés, les blessures du passé, les choses inavouables, les mauvaises décisions. Vous ne ressassez pas. Ce qui vous porte, c'est cette idée que tout est à construire encore et encore, et qu'en recommençant, on se soigne.

8 Découvrir votre quête intérieure

Sublimer vos intuitions

Comme pour votre animal-totem, votre symbolisme est lié à la tête : vous avez besoin de trouver votre voie intellectuelle. Car ce feu qui vous anime est celui des idées : vous avez le désir profond des les mettre en forme pour créer un chemin cohérent et riche.

9 Apprendre votre phrase puissante

« Il m'est bon de me rappeler combien de montagnes j'ai escaladées au cours de ma vie et combien de rivières j'ai enjambées. Je suis prête pour les défis à venir et suis forgée par ce savoir. »

Lettre à ma fille de Maya Angelou. Cette écrivaine, poétesse et militante afro-américaine pour les droits civiques a traversé le XXe siècle à la fois en combattant la misogynie, le racisme et la violence sociale et en créant une œuvre unique et inspirée.

La RÈGLE DE 3…

…BONNES RAISONS D'ÊTRE VOTRE AMI.E

Vous êtes honnête
Vous n'hésitez pas à intervenir auprès de vos potes quand ils.elles font n'importe quoi. On accepte ce geste de votre part car on sait que vous n'êtes pas plus tendre avec vous-même : vous savez mettre votre ego de côté sans vous trouver d'excuses bidons, et on vous respecte pour cela.

Vous êtes loyal.e
Vous défendez vos proches bec et ongles : si on leur crache dessus, vous tenez les positions comme un bon petit soldat. Vous n'hésitez pas à vous interposer si vous proches sont en danger physique, ni à montrer les dents quand on veut leur faire du mal.

Vous êtes spontané.e
Avec vous, la vie est comme un boîte de chocolats : on ne sait jamais sur lequel on va tomber. Votre enthousiasme est vivifiant, et votre entrain, émulateur. Vous embarquez les autres avec une bonne dose de rigolade et vous ne savez pas vraiment vous-même où cela va mener.

La fraîcheur est votre carburant

…CHOSES À NE PAS FAIRE AVEC VOUS AU BOULOT

Fayoter
Vous acceptez de bonne grâce votre assignation au rôle de grande gueule : mais quand vous êtes témoin d'un fayotage patenté, vous bouillez. Si vous ruminez, c'est toujours à cause de l'hypocrisie : vous savez pardonner tous les défauts, mais vous n'avez aucun respect pour celles et ceux qui arrachent leurs privilèges grâce à la fourberie.

Faire des histoires
La mesquinerie vous rend dingue et le temps perdu à démêler les embrouilles vous exaspère. Vous savez mettre vos émotions de côté dans le cadre du travail, et avez du mal à comprendre les gens qui prennent trop personnellement des choses que vous trouvez insignifiantes.

Se mettre en travers de votre chemin
Votre réputation de bulldozer du Zodiaque n'est pas totalement usurpée : vous avez des objectifs, et votre mental un peu obsessionnel peut vous pousser à aboyer quand on vous met des bâtons dans les roues. Que le délai soit lié à l'inertie, l'incompétence ou la malveillance, vous n'avez pas la ressource nécessaire pour l'accepter et si vous ruminez votre colère trop longtemps, vous éclatez toujours.

L'efficacité est votre sainte patronne

…CHOSES À ÉVITER POUR VOUS SÉDUIRE

La mollesse
Rien ne vous rebute plus que l'indécision et l'apathie : vous êtes souvent le moteur d'une relation mais vous avez besoin de trouver du répondant en face de vous. Pas que vous ayez l'envie de confrontations animées: juste de quelqu'un.e qui soit assez assuré.e pour savoir ce qu'il.elle veut, peut importe la manière dont cela est exprimé.

Faire la gueule
On rit souvent de votre incapacité à tenir plus de quelques heures sans revenir à la charge dans une embrouille. Vous vous emportez, criez, et oubliez pourquoi vous vous êtes énnervé.e. Vous ne comprenez pas qu'on puisse rester mutique ou bloqué.e sur un reproche : vous êtes indulgent.e avec ceux que vous aimez, et attendez la même chose en retour.

Être indifférent.e
Certes vous aimez la conquête, mais l'absence de signes d'interêt vous repousse fondamentalement. Vous n'êtes pas venu.e pour souffrir : le challenge vous amuse, mais un combat perdu d'avance ne vous motive pas. Ce n'est pas par narcissisme mais plutôt par amour du jeu : sans un peu de passion et de franchise, vous ne participez pas.

La fougue est votre kif

Les stats du Bélier

Ses paradoxes

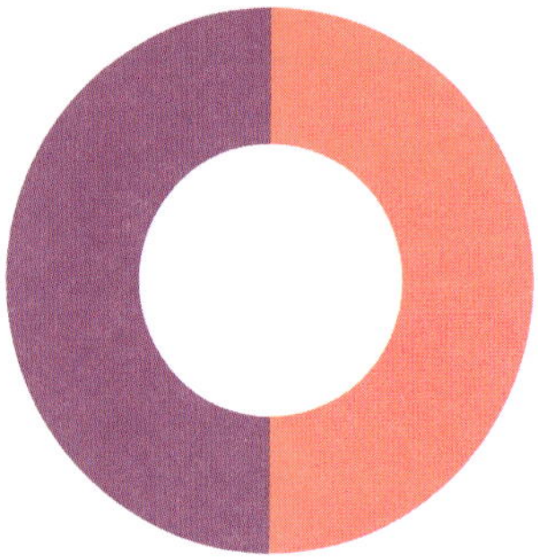

50 %
L'envie d'être tolérant.e

50 %
Le sentiment que tout les autres font de la merde

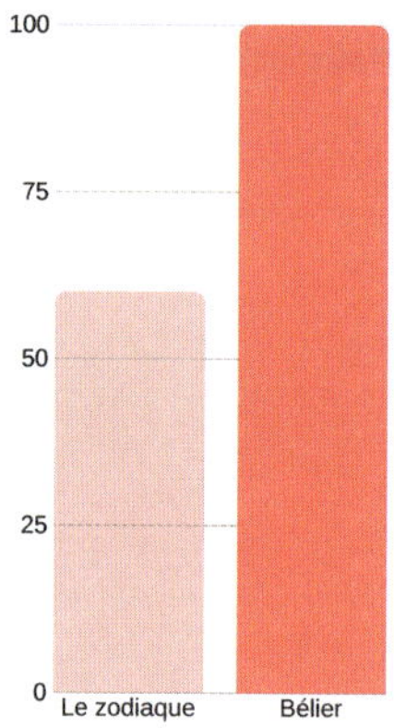

- Déclencher une discussion à cœur ouvert pour éviter les non dits, balancer ses vérités, couper la parole, se fermer dès que l'autre avance ses arguments, dire «ok, peut-être que sur ça j'avais tort à la fin», quand on avait tort sur tout.
- Avoir une discussion raisonnable

Sa vision du travail

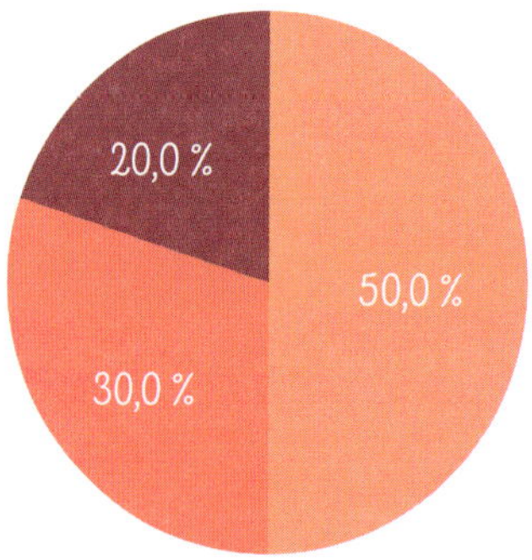

- Commencer 5 trucs en même temps, tout laisser en plan en ne prenant aucune note, parce que « c'est dans la tête ». Recommencer le lendemain.
- Renverser son café.
- Se ronger les ongles en observant ses collègues mettre plus de 4 secondes à faire quoi que ce soit.

Ce qu'il.elle veut vraiment

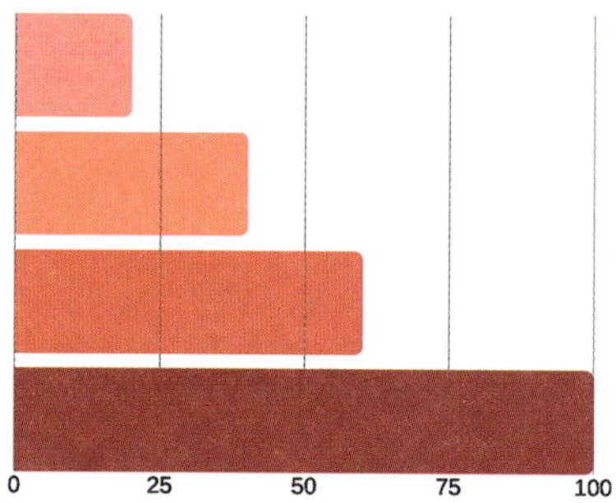

- Zéro complications
- Des fringues confortables
- Ne pas avoir à s'expliquer
- Trouver quelqu'un qui soit aussi fort que lui.elle

11 signes pour vous faire évoluer, 1 seul pour vous défier

Votre opposé complémentaire : le défi Balance

Vous trouvez parfois que la tolérance de la Balance confine à la comédie, mais vous partagez un sens aigu de la justice. Elle vous pousse à comprendre que **le compromis n'est pas une défaite, mais un raccourci** (et vous aimez aller vite).

Les signes qui vous entourent : l'amour-haine

L'empathie fusionnelle du Poissons vous exaspère, mais vous avez tous deux une intuition sans faille : il vous apprend à **ne pas laisser prise à la colère.** L'obstination du Taureau vous rend dingue, mais avez la même fougue animale : **il vous apprend la patience.**

Les signes qui vous sortent de votre zone de confort

Le quant-à-soi du Cancer vous refroidit, mais il vous **encourage à vous protéger des souffrances inutiles.** Le côté rabat-joie du Capricorne brise votre fun, mais il vous encourage à ne pas **faire de promesses que vous ne pourrez pas tenir.**

Les signes qui vous inspirent

Le bagou du Gémeaux vous plait : il vous donne envie **d'améliorer votre créativité.** Vous appréciez l'indépendance du Verseau : elle vous donne envie de **mettre à distance vos impulsions destructrices.**

Les signes qui vous soutiennent

Comme le Lion, vous avez l'art d'exprimer votre volonté, mais lui ne s'agite pas pour rien : il vous aide à garder votre autorité **sans dépenser trop d'énergie.** Comme le Sagittaire vous faites preuve d'entreprise, mais il sait s'organiser : **il vous aide à mettre vos idées en ordre.**

Les signes qui vous intriguent

Le pointillisme de la Vierge vous déstabilise mais elle vous **découvrir l'importance du détail.** Les cachotteries du Scorpion, vous laissent perplexe mais **il vous fait découvrir le pouvoir de la prise de conscience.**

9 ÉTAPES POUR ÊTRE BIEN DANS VOTRE SIGNE

❶ Répéter votre mantra

Laissez-moi kiffer !

❷ Connaître votre symbolisme

J'incarne

Votre Symbole : un mammifère domestique. Animal lent et pensif, lové dans son pré, presque indifférent à ce qui se passe autour de lui, le Taureau est immobile. Il rumine d'accord, mais que cette activité presque invisible ne nous trompe pas : c'est un travail cosmique.
Votre Glyphe : ♉ un cercle surmonté d'un demi-cercle, qui symbolise l'union de la terre et de la lune, du corps et de l'esprit.
Votre Planète : Vénus. C'est une Vénus qui s'exprime dans sa matérialité et sa sensualité.
Votre Mode : fixe. Vous trônez au milieu du Printemps et votre force d'assimilation vous ancre dans la saison.
Votre élément : Terre. C'est un terreau fertile et luxuriant, humide et gras, propice à la germination.
Votre énergie : Réceptive. Elle s'accumule en vous et s'exprime dans les limites de votre espace, de manière horizontale.
Votre place dans le Zodiaque : l'enfant qui prend des forces. Vous incarnez le moment où l'individu prend conscience de ses sens et leur utilité : je peux voir, entendre, toucher, sentir, manger. Tout va passer par le corps : la mise en mémoire des procédés et des automatismes, l'évaluation du danger ou du bien-être.
Votre position : deuxième signe. Le chiffre deux est celui de la croissance et de la gestation : c'est le potentiel qui devient réalité. C'est le processus de stagnation et d'accumulation.

❸ Rebondir sur ce qui vous précède

La course du Bélier

Son activité constante vous fatigue mais vous héritez de son énergie non directionnelle pour la capitaliser : vous l'engrangez dans votre domiciliation, **la Maison II**, celle des besoins et de la possession.

❹ Accepter votre mission sur terre

Révéler la beauté du monde

Vénus vous confère un véritable instinct de la beauté, au sens émotif du terme : vous savez voir le merveilleux et l'unique dans le banal et le quotidien. Votre sens pratique peut vous aider à transformer cet atout en choses concrètes car vous n'êtes pas un signe de Terre pour rien : vous aimez ce que l'on peut tenir dans ses mains et manipuler, pas les idées abstraites.

Le GRAND QUIZ

À QUEL POINT ÊTES-VOUS TAUREAU ?

1. Ce que vous faites

▲ Parler fort
● Organiser un week-end pour l'anniversaire d'un.e ami.e
■ Provoquer une engueulade de l'espace juste parce que vous êtes de mauvaise humeur

2. Votre hobby

● Aller au spa
■ Faire votre liste de courses dans votre tête quand la conversation vous ennuie
▲ Partir en week-end

3. Ce qui vous angoisse

▲ Les gens qui marchent lentement
● Les engueulades
■ Quand votre magasin préféré réorganise ses rayons et que vous ne retrouvez plus rien

4. Vos vacances de rêves

● Une semaine dans votre famille
■ Deux semaines dans votre lit avec votre ordi, des snacks, des livres et aucun humain
▲ Cinq jours en ballon dirigeable

5. Ce qui vous met en colère

▲ L'hypocrisie
● La violence
■ Les gens qui vous posent plusieurs fois la même question alors que vous leur avez déjà répondu

6. Dans un débat animé

▲ Vous n'écoutez pas
● Vous vous remettez en question
■ Vous écoutez patiemment car vous savez que les autres ont complètement tort

7. Vous soignez vos angoisses en

● Allant chez un.e thérapeute
■ Multipliant les projets
▲ Commençant des collections de trucs jolis qui ne servent à rien

Majorité de ■

Bravo ! Vous êtes un.e vrai.e Taureau !

Majorité de ● et/ou de ▲

Attention, vous pourriez très bien être Sagittaire ▲ ou Cancer ● ! Il est temps de travailler sur votre obstination et votre sens de la préservation pour atteindre le super pouvoir de votre signe : une détermination sans faille !

Taureau

5 Comprendre votre peur

La dépossession

Chez vous, pas de passion pour Marie Kondo et le rangement par le vide. Le rapport aux objets est sentimental : le cadre de vie, primordial. Il en va de même pour les émotions, que vous ruminez et les pensés, que vous ressassez sans les exprimer. Il est donc difficile de se débarrasser du superflu, car dans votre monde, rien ne l'est, ni le petit accrochage avec un proche, ni le porte-clé donné par un ami l'année de vos six ans. Ce que vous mettez en tas dans votre esprit devient occultant et vous empêche de voir clair : essayez de larguer ce qui vous encombre.

6 Relever votre défi

Ne pas camper sur vos positions

La mémoire du corps a une importance primordiale dans votre développement: vous incarnez littéralement vos idées. Changer, de point de vue ou de mode de fonctionnement vous demande énormément de sacrifices : vous vous créez donc des habitudes dans lesquelles vous ne souffrez pas. Pour sortir de votre pré carré, il vous faut contacter votre opposé complémentaire, le Scorpion, et sortir de votre zone de confort, quitte à faire face à vos démons.

7 Prendre conscience de votre atout

L'autosuffisance

Vous êtes guidé.e par votre instinct de préservation : votre indifférence pour l'agitation est d'une constance sans faille. Vous êtes **un signe fixe et la solitude ne vous effraie pas :** vous ne suivez tout simplement pas le mouvement. Rien ne peut vous détourner de votre façon de voir et vous ne chercherez jamais à vous adapter pour plaire ou à faire ce qui est contre vos principes pour entrer dans le moule.

8 Découvrir votre quête intérieure

Transformer le monde

Vous devez trouver le moyen de mettre votre créativité et votre habileté à modeler le réel au service de la perpétuation de ce qui est beau et bon sur terre.

9 Apprendre votre phrase puissante

« Pour mener une vie pleinement humaine, nous n'exigeons pas seulement le contrôle de notre corps (bien que le contrôle soit une condition préalable); nous devons toucher à l'unité et à la résonance de notre physicalité, notre lien avec l'ordre naturel, les fondements corporels de notre intelligence. »

Cette phrase a été prononcée par la poétesse féministe, essayiste et professeure Adrienne Rich, née le 16 mai 1929 aux États-Unis. On y pressent le rapport au corps très fort du Taureau et sa volonté de s'appartenir.

La RÈGLE DE 3…

…BONNES RAISONS D'ÊTRE VOTRE AMI.E

Vous êtes fidèle
Votre allergie au changement fait de vous une valeur sûre : vous êtes toujours là quand il faut dégainer un mouchoir, venir à un déménagement à 6 heures du matin ou fermer les yeux sur les trucs compromettants. Vous ne faites pas partie des gens qui changent de cercle d'amis comme de chemise : avec vous, l'amitié se construit lentement mais sûrement et elle ne s'évapore pas à la moindre engueulade.

Vous êtes plein.e de bon sens
Vous ne prenez pas de détours pour réfléchir : votre réponse à une question existentielle compliquée est souvent limpide. C'est que vous voyez les choses pour ce qu'elles sont, ni plus ni moins. Votre bon sens terrien vous confère une lucidité désarmante.

Vous voulez toujours mieux
Vous êtes très critiques envers vous-même : l'avis des autres vous intéresse peu car le vôtre sera toujours le plus tranché. Vous ne vous faites aucun cadeau et cherchez constamment à vous améliorer : votre constance est émulatrice et inspirante.

La stabilité est votre carburant

…CHOSES À NE PAS FAIRE AVEC VOUS AU BOULOT

Déplacer vos affaires
Déjà, quand vous étiez petit.e, vous détestiez qu'on piétine vos jouets. Votre organisation est sacrée, mettre le nez dans vos affaires, complètement exclu. Il ne faut pas s'amuser à vous piquer votre stylo fétiche ou à boire dans votre mug : vous ne supportez pas qu'on vienne s'asseoir sur un coin de votre bureau, qu'on tripote vos feuilles ou qu'on mette le nez dans votre ordi.

Organiser une réunion à l'heure du déjeuner
D'ordinaire placide et mesuré.e, vous pouvez vous transformer en monstre assoiffé de sang quand on vous prive de nourriture. Le repas est un moment de régénération intense, et vous pouvez dire les pires horreurs quand vous avez l'estomac vide.

Raconter sa vie
Vous avez une sainte horreur du blabla : votre adage est « Viens-en aux faits. » Vous économisez votre énergie pour ce qui compte vraiment ; capable d'écouter vos proches pendant des heures, vous vous fichez des vacances de votre collègue dans la Creuse et vous avez du mal à le cacher.

La tranquillité est votre sainte patronne

…CHOSES À ÉVITER POUR VOUS SÉDUIRE

Être dans la contradiction
Vous être hyper-patient.e, mais vous détestez qu'on vous pousse dans vous retranchements : vous n'avez pas de temps pour les gens qui vous contredisent pour le plaisir de débattre. D'accord, vous êtes un poil têtu.e et dirigiste : vous le savez et essayez de vous corriger, c'est juste que les discussions stériles vous rendent dingue.

Être trop sensible
Capable de sentiments profonds sans être sentimental.e, vous avez horreur de la sensiblerie : avec vous, il faut être capable d'entendre la vérité sans fard. Votre clairvoyance peut parfois déstabiliser, mais vous l'appliquez d'abord à vous-même : vous appelez un chat un chat. Vous n'avez aucune patience pour ceux qui s'apitoient sur leur sort et les gens dans le déni vous fatiguent.

Être control-freak
Vous menez votre vie exactement selon vos principes et si on essaie de s'immiscer dans vos habitudes, on va dans le mur. Être avec vous, ce n'est pas fusionner, mais trouver un point d'équilibre : il faut patiemment attendre que vous fassiez de la place dans vos tiroirs. Vous détestez qu'on envahisse votre espace physique et mental et qu'on précipite les choses.

L'indépendance est votre kif

Les stats du Taureau

Ses paradoxes

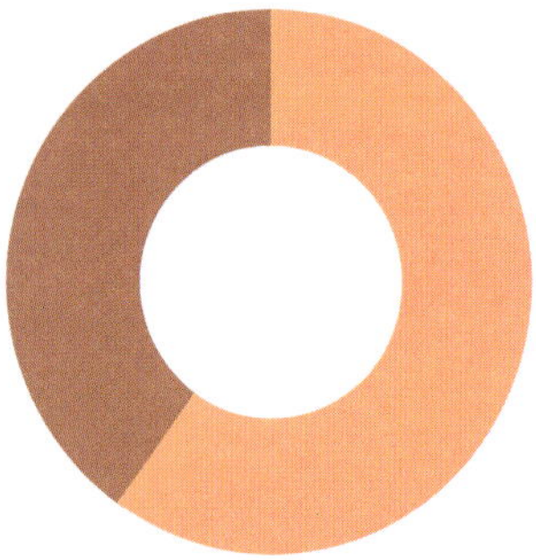

30 %
Le besoin d'être pris au sérieux

70 %
L'envie de ne rien faire

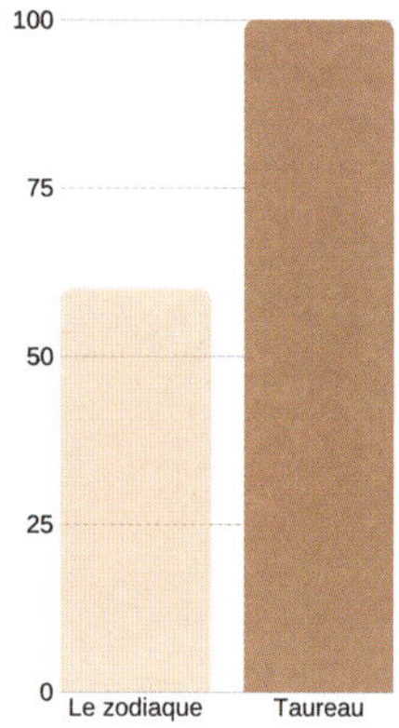

- Essayer de prendre sur soi pour accueillir les gens dans son espace et les laisser toucher les objets, déplacer des choses, prêter des affaires. Dire « attention » et faire semblant de sourire.
- Faire une méga teuf et retourner la maison.

Sa vision du travail

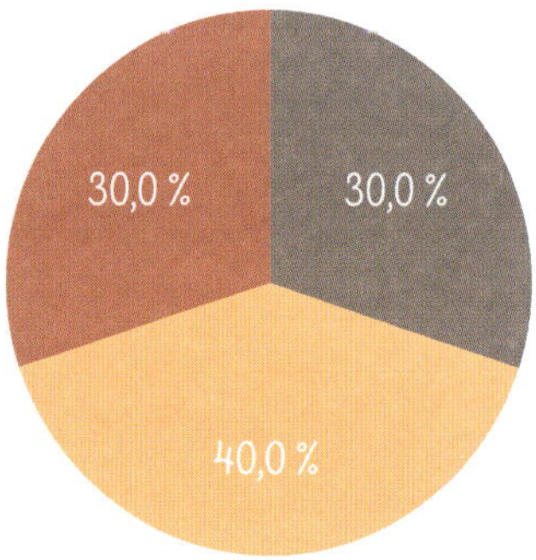

- Dire : « Non je ne crois pas, non. On ne va pas faire comme ça. »
- Organiser son espace de travail
- Être en hypoglycémie

Ce qu'il.elle veut vraiment

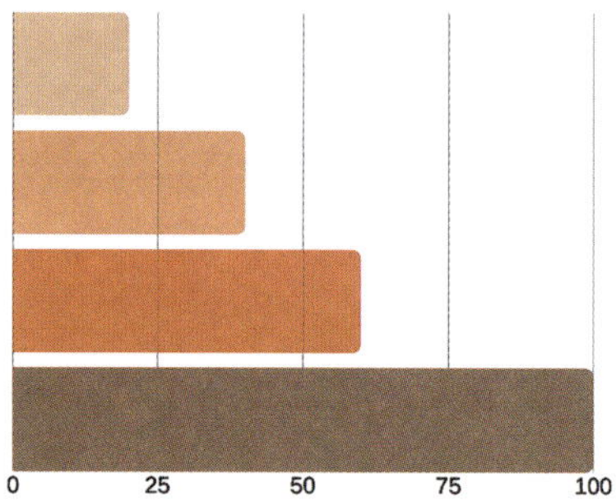

- Savoir quand il veut manger
- Qu'on le laisse tranquille
- Avoir assez d'argent
- Être bien habillé

11 signes pour vous faire évoluer, 1 seul pour vous défier

✷ Votre opposé complémentaire : le défi Scorpion

Oui, le Scorpion a tendance à chercher la petite bête, mais vous êtes en accord avec son sens moral, qui vous pousse à **ne pas vous réfugier dans la facilité.**

✷ Les signes qui vous entourent : l'amour-haine

L'impatience du Bélier vous fait lever les yeux au ciel, mais vous possédez la même fougue animale et il vous **apprend à vous lancer sans attendre.** Le dilettantisme du Gémeaux vous agace, mais vous partagez sa créativité : **il vous apprend à ne pas penser au lendemain.**

✷ Les signes qui vous sortent de votre zone de confort

Vous vous méfiez du Lion et de sa propension au drame, mais **elle vous encourage à sortir de votre réserve.** L'originalité du Verseau vous déstabilise, mais elle vous encourage à **faire partie du groupe sans perdre votre singularité.**

✷ Les signes qui vous rassurent

La sensibilité du Cancer vous plait et vous donne envie **d'assumer vos émotions sans rougir.** La flexibilité du Poissons vous attire et **vous donne envie de ne plus ruminer vos soucis.**

✷ Les signes qui vous soutiennent

Le pragmatisme de la Vierge vous ressemble mais elle sait trancher : elle vous aide **à ne pas garder le nez sur ce qui bloque**. Comme le Capricorne, vous êtes très déterminé, mais il s'encombre moins que vous : **il vous aide à vous débarrasser du superflu.**

✷ Les signes qui vous intriguent

Le Sagittaire est trop idéaliste à votre goût mais vous fait découvrir **le kif de sortir de votre zone de confort.** La Balance vous paraît un peu trop tolérante mais elle vous fait découvrir que **la rancune est parfois un poison.**

Gémeaux

9 ÉTAPES POUR ÊTRE BIEN DANS VOTRE SIGNE

❶ Répéter votre mantra

Je veux tout essayer !

❷ Connaître votre symbolisme

Je cherche

Votre Symbole : des jumeaux en miroir. Premier signe du Zodiaque à ne pas être représenté par un animal, vous vous désolidarisez de la matière. Votre allégorie, plus qu'une dualité, met en lumière votre capacité de décentration.
Votre Glyphe : ♊ deux barres verticales et deux barres horizontales : c'est une abstraction qui circonscrit la droite, la gauche, le haut, le bas, Soi et l'Autre, le ciel et la terre. Vous voulez tout découvrir entre ces limites.
Votre Planète : Mercure. Liée à l'intellect, à la communication et à l'habileté, l'astre cristallise l'idée d'éveil de la connaissance et votre envie de la communiquer.
Votre Mode : mutable. Vous matérialisez la période charnière entre le Printemps et l'Été, un moment de transformation, qui vous confère adaptabilité et curiosité de l'avenir.
Votre élément : Air. C'est une brise légère, qui vous rend curieux.se.
Votre énergie : Émissive, mobile et vif.ve. Votre volonté, comme un souffle, part dans toutes directions, dans un processus de recherche.
Votre place dans le Zodiaque : l'enfant qui expérimente. Vous êtes l'individu qui sort de la toute-puissance pour percevoir qu'il y a un monde en dehors de lui et qui veut le découvrir.
Votre position : troisième signe. Le chiffre trois est hautement métaphysique ; il résume les phases de la vie (naissance, vie, mort) mais aussi l'unité et la multiplicité de chaque vivant. C'est le moment de la division des cellules et de l'éclatement de la vie nouvelle.

❸ Rebondir sur ce qui vous précède

L'immobilité du Taureau

Vous héritez de toutes les possessions et sensations du Taureau, mais rejetez sa fixité, qui l'enferment dans la matérialité : vous vous évadez en **Maison III**, celle de l'intellect, pour voir la réalité sous tous les angles.

Le GRAND QUIZ

À QUEL POINT ÊTES-VOUS GÉMEAUX ?

1. Votre passion

◆ Vous faire l'avocat du diable dans les engueulades

● Pleurer

■ Juger

2. Votre hobby

● La sorcellerie

■ La maçonnerie

◆ Passer une nuit blanche sur Internet à chercher des infos sur un truc inutile

3. Votre savoir-faire

◆ Dire : « Je m'en tape complètement » et vraiment le penser.

● Comprendre les autres

■ Organiser

4. Votre habitude

● Téléphoner à vos proches

■ Câliner vos animaux

◆ Partir en plein milieu d'une soirée sans prévenir parce que vous vous êtes ennuyé.e plus de deux minutes

5. En amour

◆ Vous envoyez des signaux contradictoires aux gens puis vous vous étonnez de leur réaction

● Vous donnez tout

■ Vous paniquez

6. Ce qui vous met de mauvaise humeur

■ L'inefficacité

◆ Les gens en général

● La méchanceté

7. Votre thérapie

◆ Être de mauvaise foi

● La méditation

■ Le boulot

Majorité de ◆

Bravo ! Vous êtes un.e vrai.e Gémeaux !

Majorité de ● et/ou de ■

Attention, vous pourriez très bien être Poissons ● ou Vierge ■ ! Il est temps de travailler sur votre légèreté et votre curiosité pour atteindre le super pouvoir de votre signe : une intelligence vivifiante !

Gémeaux

❹ Accepter votre mission sur terre

Mettre le monde en perspective

Votre volonté de tout connaître est à la mesure de votre propension à absorber les idées : rapidement et avec beaucoup de synthèse. Grâce à vous, le monde n'est pas un bloc indifférencié : vous cueillez les concepts comme des fleurs uniques et fascinantes. Vous êtes l'ami.e qui va chercher toutes les définitions sur Wikipédia, l'artiste qui va là où personne n'a jamais osé aller ou la chercheuse en physique moléculaire, de ceux et celles qui repoussent les limites de la connaissance.

❺ Comprendre votre peur

L'enfermement

Ne jamais rester en place, mais aussi ne pas adhérer à une pensée unique, voilà votre adage. C'est pour cela que vous ne vous arrêtez pas sur une idée, un concept, une relation ou une réalité pour l'adopter définitivement : votre besoin de remettre les choses en question intellectuellement, spirituellement, amicalement, amoureusement, vous empêche de vous laisser happer par les réalités trop figées et dogmatiques.

❻ Relever votre défi

Ne pas vous éparpiller

À force de cogiter à cent à l'heure et de porter des masques successifs pour vous adapter à toutes les situations, vous vous fatiguez vous-même. Car au fond, vous êtes un peu indécis.e sur l'attitude à adopter et cela vous agace : si vous mobilisez en vous l'énergie du Sagittaire, votre opposé complémentaire, vous découvrirez que vous avez la capacité de trouver votre direction.

❼ Prendre conscience de votre atout

Vous êtes unique

Dans un monde où tout est formaté, vous n'avez pas peur d'affirmer des opinions impopulaires ou d'adopter des modes que personne ne connaît encore. C'est un don, celui de suivre l'idée du moment, de capter ce qui fait la différence, qui vous rend créatif.ves. Vous n'êtes jamais là où l'on vous attend.

❽ Découvrir votre quête intérieure

Vous connecter aux autres

Signe d'Air, volubile et insaisissable, très à l'aise avec les concepts mais un peu moins avec l'expression des sentiments, vous avez une nette tendance à l'indifférence, feinte ou réelle, pour les débordements émotionnels. Mais vous êtes travaillé.e intérieurement par la question du lien avec vos semblables !

❾ Apprendre votre phrase puissante

« Ne supprime rien. Ne bouge rien. Ne change rien. Apprend tout. »

Cette citation de Billy Martin, auteur prolixe de romans gothiques tels que *Le corps exquis* résume parfaitement l'énergie intellectuelle accumulatrice du signe, qui ne veux pas transformer la réalité, mais juste la comprendre.

La RÈGLE DE 3…

…BONNES RAISONS D'ÊTRE VOTRE AMI.E

Vous êtes stimulant.e
Même sous un aspect ultra-policé, votre loufoquerie peut se révéler : peu importe votre style, au fond, vous êtes une personne qui sort du cadre. Vous connaître est une aventure, passer du temps avec vous, une expérience. Vous percevez ce que les autres mettent du temps à comprendre et votre esprit fourmille d'idées à débattre.

Vous ne jugez pas
Votre capacité à envisager tous les points de vue, liée à votre élément, l'Air, et votre mode, mutable, vous rendent souple et indulgent.e envers les erreurs commises par vos proches. Vous savez que la réalité est complexe, que les sentiments sont variables et n'êtes pas du genre à jeter l'opprobre sur vos potes quand ils ou elles font des erreurs de calcul.

Vous maîtrisez l'art de la conversation
Mercure vous confère un grand sens de la communication : vous adorez débattre, argumenter, aller plus loin dans le propos. Vous êtes champion.ne des discussions qui se prolongent jusqu'au bout de la nuit, du décorticage de textos envoyés par un.e crush et des longues conversations qui donnent le sentiment d'être moins stupides lorsqu'elles se finissent.

La légèreté est votre sainte patronne

…CHOSES À NE PAS FAIRE AVEC VOUS AU BOULOT

Suivre les routines
Votre esprit fonctionne à plein régime : jamais en pause, vous envisagez tout, vous trouvez des réponses rapidement et vous n'hésitez pas une seconde à changer votre fusil d'épaule quand rien ne fonctionne. Vous ne comprenez pas que l'on ne sache pas s'adapter et que l'on s'accroche à des habitudes quand elles sont inefficaces.

Vous couper la parole
Si vous savez accepter les refus de bonne grâce, vous ne supportez pas que l'on vous empêche de vous exprimer. L'échange est votre moteur, la communication, votre qualité : quand on se ferme à tout dialogue, où ne vous laisse pas la latitude pour exposer vos idées, vous avez tendance à vous braquer et à devenir vraiment rebelle.

Le manque d'entrain
L'apathie est votre némésis et le découragement vous dégoûte : premier signe d'air, vous évoluez en Maison III, celle de l'exploration du quotidien, de la quête de la connaissance dans l'environnement immédiat. Vous êtes capable de vous motiver pour n'importe-quoi, pour peu que cela soit bien présenté.

La motivation est votre carburant

…CHOSES À ÉVITER POUR VOUS SÉDUIRE

Faire dans le drame
Un peu détaché.e, vous avez l'apparence de quelqu'un qui ne fait pas tout un plat des aléas de la vie : vous vous méfiez des gens qui agissent de manière passionnelle et sont avides des gestes spectaculaires. Il vous faut du tangible et de la rigolade, pas des récriminations.

Vouloir fusionner
Vous avez besoin d'espace, et, même dans une relation longue durée ou exclusive, vous ne supportez pas l'invasion. Il se peut que le polyamour soit votre truc car, même si vous vous intéressez profondément à quelqu'un.e, votre curiosité vous pousse toujours à aller voir ce qui se passe ailleurs.

Avoir l'esprit étriqué
Penser en dehors des cases est un réflexe chez vous et les gens crispés sur leurs certitudes vous énervent. C'est toujours un mauvais calcul de vous mettre au contact de personnes fermées : vous chercherez à leur prouver par A+B qu'ils.elles ont tort, et ne lâcherez jamais le morceau.

Le jeu est votre kif

Les stats du Gémeaux

Ses paradoxes

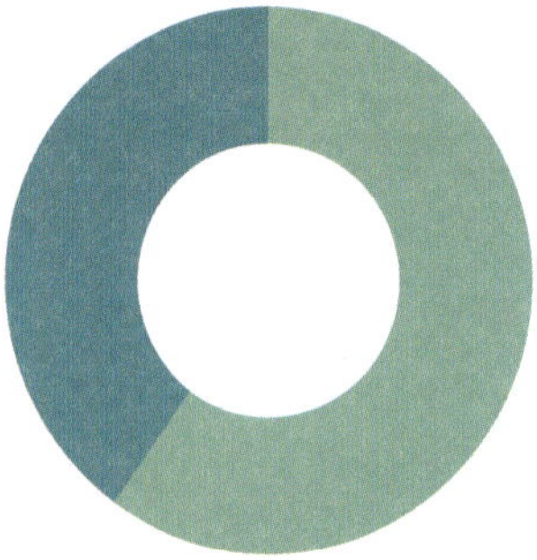

60 %
Le besoin d'en dire trop

40 %
L'envie de ne pas en dire assez

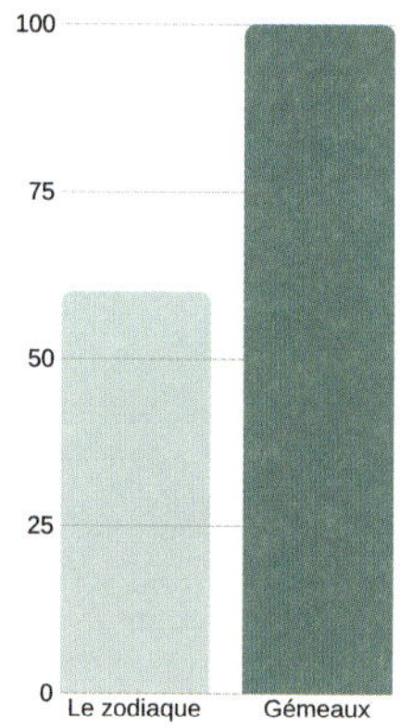

- Faire de l'humour pour ne jamais perdre la face et ne pas montrer qu'en réalité on ne fait confiance à personne. Cacher ses insécurités derrière un petit sourire narquois. Dire « ça va ».
- Dire « ça ne va pas. »

Sa vision du travail

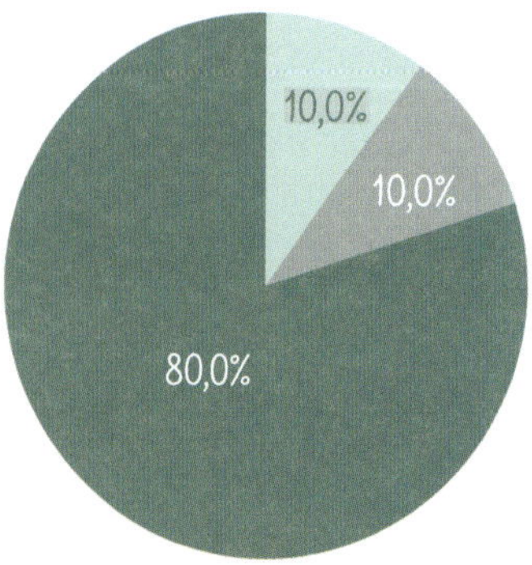

- Dire : « Personne ne m'écoute, là, en fait. »
- Connaître tous les dossiers, au sens propre comme au sens figuré.
- Ne pas lâcher l'affaire, épuiser tout le monde, tout en ne ratant jamais une pause.

Ce qu'il.elle veut vraiment

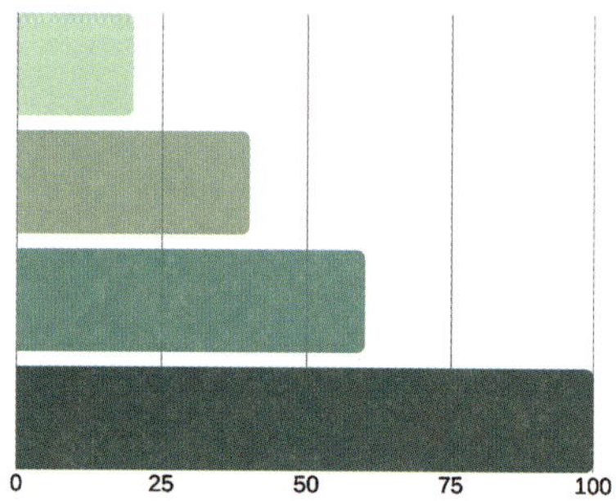

- Connaître les dossiers
- Avoir raison
- Trouver des gens qui supportent le sarcasme
- Pouvoir faire n'importe quoi de temps en temps sans témoins

11 signes pour vous faire évoluer, 1 seul pour vous défier

Votre opposé complémentaire : le défi Sagittaire
Les certitudes inébranlables du Sagittaire vous agacent, mais comme lui, vous êtes dans une quête intellectuelle : **il vous pousse à vous forger une opinion stable.**

Les signes qui vous entourent : l'amour-haine
Vous avez un peu de mal avec le côté statique du Taureau, mais comme lui, vous êtes pragmatique : **il vous apprend la constance.**
Les émotions du Cancer vous débordent, mais vous partagez son côté direct : il vous apprend à **ne pas intellectualiser vos sentiments.**

Les signes qui vous sortent de votre zone de confort
La volonté de matérialisation de la Vierge vous freine un peu mais **elle vous encourage à vous recentrer.** Le mysticisme du Poissons vous angoisse mais **il vous encourage à vous reconnecter avec votre spiritualité.**

Les signes qui vous inspirent
La spontanéité du Bélier vous donne envie de chercher votre intention de **mettre vos idées en œuvre.** L'intensité du Lion vous donne envie de vous **impliquer d'avantage dans vos relations.**

Les signes qui vous soutiennent
Comme la Balance, vous adorez créer du lien, mais elle a le sens de la mesure : elle vous aide à ne pas **vous laisser déborder par vos expériences.**
Comme le Verseau vous avez une intelligence aiguisée, mais il est moins éparpillé que vous : il vous aide à **mettre en valeur toute la palette de vos savoirs.**

Les signes qui vous intriguent
Le côté passionnel du Scorpion n'est pas votre tasse de thé mais il vous fait découvrir **l'importance de la confrontation.** Le Capricorne est un poil trop sérieux pour vous mais il vous fait comprendre **comment vous retrancher du monde pour vous reposer.**

VIERGE
LION
CANCER

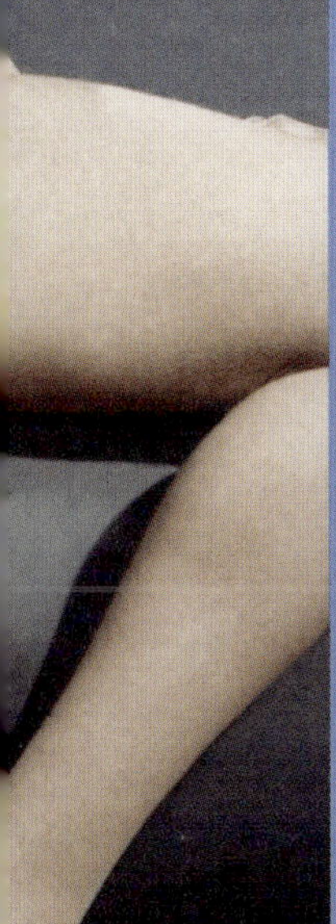

22 juin
22 septembre

MA ROUTINE ASTRO DE **L'ÉTÉ**

Pour comprendre les signes d'Été, imaginez un fruit qui mûrit au soleil. Ce fruit va s'épanouir, donner toute sa saveur avant de tomber de l'arbre. Il est le symbole du Moi qui se construit pendant l'adolescence : c'est l'enfant qui a grandi et développé ses capacités pour effectuer la transition vers l'âge adulte. Il œuvre pour faire fusionner tous les nutriments qui le composent : c'est un mouvement interne qui s'opère en Cancer. Ensuite, il atteint sa plénitude, montre toutes ses couleurs et ses saveurs : la personnalité s'extériorise en Lion. Enfin, il tombe, prêt à se désagréger pour fertiliser la terre : la personnalité se débarrasse du superflu en Vierge.

Été

UNE MATURATION ESSENTIELLE

L'Été est une saison « lourde », c'est-à-dire qu'aucun des trois signes qui la composent ne fait partie des signes d'Air, qui est rattaché au mental et sa légèreté. L'Eau, le Feu et la Terre ramènent les individus vers le sol, vers une certaine matérialité, qu'elle soit physique ou émotionnelle.

Le Rayonnement

L'Été est un paradoxe, car il démarre en Cancer, avec un solstice : c'est un compte à rebours. Comme le crabe qui marche à l'envers, on part du jour le plus long pour se diriger vers l'obscurité. C'est l'apogée d'un processus qui a poussé la nature vers la lumière, de plus en plus forte, du Soleil, dont le Feu irradie et se répand sur la terre. Son but lors de cette saison ? Se perpétuer. Fruits et plantes vont mettre en place un arsenal de saveurs et de couleurs pour attirer l'œil de tout ce qui pourra transporter leurs graines avant de décliner. C'est donc un pic, une dernière danse où la nature donne tout avant le pourrissement de l'Automne. Entre chaleur écrasante et ultraluminosité, stagnation et exaltation, l'Été est à la fois un éclatement et un déclin.

Ce que cela signifie pour vous

- Ce n'est pas un hasard si, lors de cette saison, vous ressentez un peu tout à la fois : mélancolie et envie de croquer la vie à pleines dents, sentiment de libération et de remise en question. Vous avez besoin de faire le point, mais aussi de faire la fête tous les soirs. Vous adoreriez vous lancer dans un trek introspectif au Népal, mais rêvez de complètement vous relâcher en lisant des magazines débiles (ou un roman de 400 pages) sur la plage.
- Vous avez amassé un million dechoses en vous, travaillé, projeté : l'Été est une exultation après l'intensité du Printemps et avant le labeur de l'Automne. C'est un moment à part durant lequel vous avez la latitude de vous découvrir et de vous demandez : comment me révéler ?

Le milieu de la journée

Pour se représenter l'intensité de l'Été, il suffit d'imaginer une journée de forte chaleur au moment de midi : les rayons du soleil tombent à la verticale sur les êtres et les choses, de manière descendante et absolue. C'est un point unique d'équilibre dans la journée : chaque parcelle de terre est mise en lumière et il n'y a pas de place pour l'ombre et la dissimulation. La saison, dans la mythologie grecque, marque la réunion fertile de la déesse-mère Déméter et de sa fille Perséphone, enlevée par Hadès, le dieu des Enfers. Dans la tradition païenne moderne, le jour du solstice, **Litha**, est une célébration de cet éclatement de joie : l'astre, associé à la puissance et à l'ordre, règne sur la terre de manière implacable et enveloppante. Durant cette fête, des feux de joie sont allumés pendant la nuit : ils marquent la réunion des deux luminaires qui règnent sur la saison, la Lune (en Cancer) et le Soleil (en Lion)..

Ce que cela signifie pour vous

- Cette nature immobile qui engrange la lumière et la chaleur du soleil, c'est vous. Vous entrez dans une phase de puissance intérieure, dont les mots clés sont : **ressentir, s'affirmer, se perfectionner.** Figurez-vous le Soleil à la place de votre cœur : sa lumière irradie et vous permet de tout voir pour tout comprendre en vous-même. Il n'y a pas de place pour les faux semblants et la peur !
- Vous êtes encouragé.e à vous regarder en face, à tenir compte à la fois du bon et du mauvais pour mieux vous comprendre. Si la lumière du Soleil vous encourage à ne rien vous cacher, l'énergie de la Lune vous pousse à opérer une réflexion sur ce que vous avez découvert et à le transformer en expérience émotionnelle.

Été

ne pa

ZOOM sur

QU'EST-CE QUE MERCURE RÉTROGRADE ?

Pour de vrai, la planète ne change pas son cours ! C'est une illusion d'optique de point de vue de la Terre, au cours de laquelle elle semble revenir en arrière… Au niveau symbolique, ce mouvement signifie que les qualités associées à la planète sont en suspens, voire inhibées. Quand il s'agit de Mercure, astre de la communication, de l'échange, de la technologie et des contrats, tous ces domaines deviennent problématiques !

Les dates pour 2020

• 17 Février – 10 Mars :
en Poissons et en Verseau

• 8 Juin – 12 Juillet :
en Cancer

• 14 Octobre – 3 Novembre :
en Scorpion et en Balance

L'énergie

Votre corps : ma santé, mon credo

À la fois libéré.e du carcan des saisons précédentes et empêché.e par la chaleur, vous ressentez de plein fouet et dans votre chair, la fatigue et les contraintes accumulés. Vous réagissez d'abord en faisant n'importe quoi, car oui, l'Été se prête aux excès. Mais la fin arrive vite : dans cette période de transition, vous remettez la pendule de votre métabolisme à l'heure. Vous avez besoin de vous relancer dans le game, et une petite ascèse ne peut jamais faire de mal. Porté.e par une conscience aiguë de votre matérialité, vous vous efforcez de faire le point sur vos forces et vos faiblesses, pour mieux rebondir, sans vous faire un tour de reins, de préférence. Cette acuité vous est apportée par la Vierge, signe mutable, porté sur la finalisation. Sa planète maîtresse, Mercure, influe sur votre habileté, tandis que la Terre, son élément, vous ramène à la réalité.

Vos émotions : mon ego, ma bataille

Vous vous sentez disponible : tout marche au ralenti après l'hyperactivité du Printemps. Lors de cette pause, vous êtes amené.e à reporter votre attention sur vos sentiments, que vous avez trop négligés. Vous n'avez plus envie de papillonner, mais de vous faire du bien, de balayer dans votre petit cocon intérieur pour remettre de l'ordre dans votre Moi. Dans cette recherche de vous-même, vous avez des emballements et des déceptions : tout est plus fort et plus vif, mais vous gardez cette intensité pour vous. C'est un chemin un peu solitaire, mais nécessaire. Ce besoin de vous retrancher en vous-même est impulsé par le Cancer, signe cardinal. Son astre, la Lune, met les émotions en mouvement, tandis que l'Eau, son élément, les exacerbe.

e laisser impressioner

Lion

Vos actions : mon identité, ma fierté

Il est temps de vous poser et cela tombe bien : vous n'avez pas envie de trop en faire. L'heure est à la circonspection. Vous faites le point et profitez de ce que vous avez accompli : c'est le moment de faire preuve de lucidité et d'agir en conséquence. Il n'y a pas de place pour l'auto-apitoiement ou la gonflette égotique, mais le besoin de trouver le juste milieu. Que ce soit pour pointer ce qui est beau et bon dans votre vie ou de voir clairement ce qui ne fonctionne pas, vous êtes disponibles et prêt.e à en tirer les leçons.

Cette assise vous est apportée par le Lion, signe fixe, qui sait s'ancrer dans le réel. Le Soleil, qui domine le signe, l'irradie de sa puissance sereine, tandis que le Feu, son élément, le canalise.

mes RITUELS

LE GRAND RAYONNEMENT

La saison se prête à un élan intérieur sans précédent ! Tout le temps que vous avez consacré à élaborer une version affinée de vous-même (selon vos critères) ne doit pas être vain ; vous devez maintenant trouver le biais par lequel l'exprimer. Vous vous sentez plus fort.e, plus stable et cela vous permet de tendre à la main aux autres, de vous rendre utile. Car, à quoi sert d'élaborer le Moi, si c'est pour le garder pour soi ? Pour célébrer ce rayonnement intérieur, préférez la générosité : donnez de votre temps, de votre énergie, de votre amour.

Les plus petits gestes compteront : prennez le temps de faire une remarque positive, passez un coup de fil aux gens que vous délaissez, prêtez main-forte un proche. On oublie trop souvent que se construire (ou se reconstruire) est un geste de survie mais aussi un acte d'espoir : offrir une meilleure version de soi-même est infime à l'échelle du monde, mais immense à l'échelle individuelle.

Été

4 façons de profiter de la saison du Cancer : le refuge

Après le solstice d'Été, on entame paradoxalement la phase décroissante du jour, qui ne sera réellement visible qu'au mois de septembre. C'est un retour symbolique à l'ombre et à l'intime, qui s'opère alors que le Soleil va bientôt régner en maître : avant cet éclatement, la Lune, maîtresse du signe, fait une incursion dans le paysage imaginaire pour rappeler son importance.

1 **Soutenir vos ami.e.s.** C'est le moment de prendre le tournant de la saison et de resserrer les liens avec vos proches : véritable pilier dans son entourage, le Cancer sait être le.la fan numéro un des ses ami.e.s, les encourager, les pousser, les encenser. Prenez le temps de soutenir les projets de vos personnes préférées, de leur donner un coup de main ou un coup de pouce si vous en avez le pouvoir.

2 **Exploiter une créativité désordonnée** Oui, le soleil en Cancer entraîne un raid d'émotions variées : essayez de les capter car le signe s'en sert pour alimenter sa grande imagination ! Vous serez capables de n'importe quoi, si vous acceptez de les attraper au vol pour les retranscrire à votre façon. Pensez à Courtney Love, idole du mouvement grunge, qui a symbolisé la rage adolescente en criant ses émotions brutes dans son micro !

3 **Explorer votre passé** Signe d'Eau, lunaire et domicilié en Maison IV (celle des origines), le Cancer réunit toutes les conditions pour aller au fond des choses : c'est peut-être le moment de faire face à certaines blessures, de comprendre des mécanismes enfouis ou de reconnaître ce qui a été beau et bon. Ce retour sur vous-même, n'est pas un ressassement stérile, mais une introspection libératrice. Pensez au *Petit Prince* d'Antoine de Saint Exupéry, natif du signe et à la formidable allégorie que l'oeuvre représente : celle de la reconnexion avec l'enfant en chacun de nous.

4 **Oser le self-care.** S'il y a bien une chose dont le signe ne fait aucun secret, c'est sa propension à tout envoyer bouler pour prendre soin de son bien-être, de sa santé mentale et physique. Il peut s'agir de rester à la maison pour se faire un masque en mangeant des chips, mais aussi de se protéger de personnes ou de situations négatives.

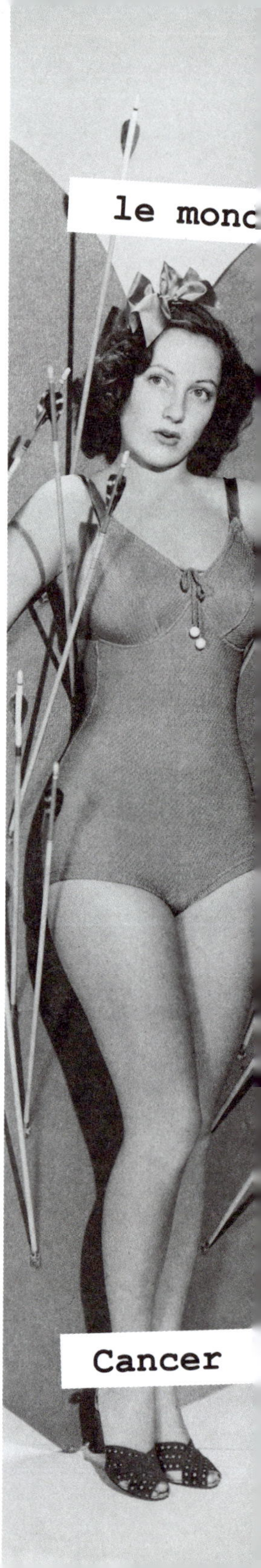

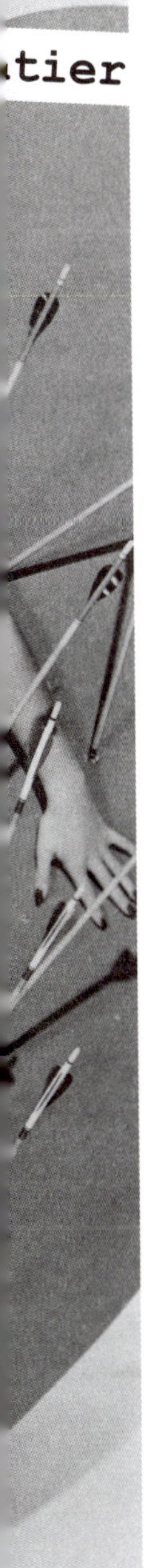

CE QUE DISENT LES SIGNES QUAND LEUR POTE S'EST FAIT PLAQUER

BÉLIER

Tu veux que je lui casse la gueule ?

TAUREAU

Ne te laisse pas faire ! Garde le réfrigérateur et la télé !

GÉMEAUX

J'ai 3 000 contacts dans mon téléphone, on va te trouver quelqu'un.e asap.

CANCER

Tu veux un mouchoir ? Des cookies ? De la drogue ?

LION

Je t'emmène en soirée. Je t'ai acheté une tenue et tu as rendez-vous chez le coiffeur à 18 heures. Bouge-toi.

VIERGE

Très bien, on va se poser et faire la liste de tout ce qui n'allait pas entre vous : tu verras que tu as de la chance en fait.

BALANCE

J'arrive avec de la glace et un jeu de fléchettes. On va mettre sa tête dessus et passer une bonne soirée.

SCORPION

Je connais des hackers de talent. On peut faire de sa vie un enfer. Tu n'as qu'un mot à dire.

SAGITTAIRE

On va trouver le numéro de cette star de cinéma que tu adores et on va réussir à te brancher avec. Rien n'est impossible.

CAPRICORNE

Je ne l'ai jamais aimé.e de toute façon.

VERSEAU

C'est pas grave, parce que l'amour n'est qu'une illusion.

POISSONS

On va écouter de la musique triste et pleurer ensemble.

Été

4 façons de profiter de la saison du Lion : le rayonnement

La saison marque une apogée, une acmé de la nature : le mûrissement est total et le Soleil règne sans partage. C'est un éclatement de lumière, de couleurs et de saveurs qui entraîne la plénitude et le réchauffement de l'âme : on peut s'y lover pour s'y épanouir et se révéler !

1 Attirer l'attention. Comme Madonna, une Lionne célèbre, et son « Express yourself », c'est le moment de monter sur la scène virtuelle de la vie et de pousser la chansonnette. N'hésitez pas à vous la péter un peu, et à faire preuve d'audace. Si vous avez des talents cachés, des rêves secrets, des envies de gloire, le Soleil, qui brille de manière verticale, qui vous tombe dessus comme une pluie de paillettes dorées, vous aidera à faire le job.

2 Trouver son kif. L'heure est à l'amour des choses et de la vie : si les saisons précédentes vous ont entraîné.e vers l'action, c'est le moment de vous concentrer pour chercher ce qui vous fait vibrer. Le signe évolue en Maison V, qui préside au plaisir de vivre : il s'agit de ressentir des frissons et de l'adrénaline. Le Feu intérieur, puissant du Lion, a besoin d'être nourrit et alimenté : engagez-vous dans des activités qui le font grandir !

3 S'impliquer. La générosité du signe est le moteur de la saison : c'est son mode, fixe et solaire. Vous avez forcément des choses à montrer et à donner. Trouvez le biais par lequel offrir un peu de vos capacités au monde : allouez du temps au don de vous-même, prêtez votre personnalité à des causes plus grandes que vous. Pensez à Pierre Bourdieu, sociologue célèbre dont la pensée a eu une influence considérable, et à son engagement militant !

4 Oser l'égocentrisme. Votre façon d'être s'impose, comme une évidence : c'est la puissance du Lion. Plaisez-vous, aimez-vous, appréciez-vous : l'heure est à l'auto-satisfaction. Peu importe si c'est *over the top* : vous vous fichez de l'avis des autres et cette dynamique est bienfaisante. Gorgez-vous de ce nectar fabuleux, comme le fruit s'épanouit au soleil.

LES SIGNES QUAND VOUS LEUR PLAISEZ

BÉLIER

Se comporte comme votre meilleur.e ami.e, vous met des grandes tapes dans le dos, finit par vous faire une déclaration d'amour au Mac Do sans prévenir.

TAUREAU

Pense à vous de manière obsessionnelle mais ne vous adresse pas la parole.

GÉMEAUX

Vous fait des allusions sur le mode de la blague, disparaît de la circulation quand vous réagissez à ses avances.

CANCER

A déjà trouvé le prénom de vos chats (plantes, gosses), ouvert un PEL et fixé la destination de vos vacances.

LION

Vérifie d'abord qu'il n'y a pas de concurrence.

VIERGE

Vous regarde de loin, réagit par des demi-sourires à vos blagues, se demande si vous en valez vraiment la peine.

BALANCE

Vous envoie des tonnes de textos inspirants mais a 5 conversations en parallèle sur son téléphone.

SCORPION

Connaît déjà toute votre vie grâce à votre profil sur les réseaux sociaux.

SAGITTAIRE

Vous ne le savez pas, mais vous avez un rancard et il.elle sait exactement ce qui va s'y passer.

CAPRICORNE

Fait beaucoup de sarcasmes, mais vous bluffe avec une attention adorable et inattendue.

VERSEAU

Vous donne l'impression que vous êtes la personne la plus spéciale du monde mais est injoignable et ne change jamais aucun de ses plans pour vous.

POISSONS

Vous a concocté plusieurs playlists personnalisées, vous regarde dans les yeux, commence toutes ses phrases par votre prénom.

Été

4 façons de profiter de la saison de la Vierge : la différenciation

À la fin de l'Été, les graines tombent et se séparent de la tige pour créer deux particularités distinctes. On ramasse ce qui servira en vue des temps plus difficiles et le reste retourne à la nature pour redonner la vie. Ce processus double donne tout son sens à la saison : une préparation productive.

1 **Faire le tri.** On sort nos trois cartons, je garde, je jette, je donne et on s'attelle à la plus fructueuse des tâches du mois de septembre : repartir sur de bonnes bases. C'est un retour au minimalisme tant aimé de la Vierge, signe mutable, adepte du changement et terrien, qui, au fond, adore ne garder que l'essentiel. Il en va de même pour le corps : lié aux intestins, l'organe qui élimine les déchets, le signe est très à cheval sur la question de son équilibre.

2 **Planifier.** La Vierge ne fait pas partie de ceux.celles (nous) qui oublient systématiquement les papiers pour faire les inscriptions scolaires, les rendez-vous médicaux annuels ou s'il faut amener ses draps dans le Airbnb loué pour le week-end. Elle l'a noté quelque part. Elle sait à quelle heure partir pour éviter les bouchons, sa tenue préférée n'est pas au sale avant un date important et elle rend son devoir à la date prévue. Prenons-en de la graine ! Dans *De l'écriture* de Stephen King, un natif du signe, on apprend la discipline qui l'a mené à écrire malgré un boulot de 9 heures à 17 heures : une planification de deux heures d'écriture par jour, qu'il pleuve, qu'il vente ou qu'il neige !

3 **Être productif.ve.** Pensez à Beyoncé, Vierge ultra-célèbre, qui, quelques semaines après avoir accouché de jumeaux, a commencé les répétitions de huit mois pour deux dates de concerts (et regardez *Homecoming*, son documentaire !). La Vierge ne se repose jamais sur ses acquis : elle va toujours plus loin, cherche constamment à s'améliorer, ce qui est un moteur très puissant de création. *Work in silence, let the success make the noise* (« Œuvre en silence et laisse le succès faire du bruit »), voilà l'adage sur lequel il faut s'appuyer lors de cette saison.

4 **Oser la sensibilité.** La fameuse dépression saisonnière, qui commence inéluctablement avec les premières pluies de septembre, nous pousse à une certaine mélancolie. Nous passons de l'excitation estivale, parfois un peu hystérique, au ralentissement légèrement contemplatif. Il ne faut pas freiner cette impulsion, mais au contraire, profiter de ce moment de retour sur soi.

CE QUE DISENT LES ENFANTS SELON LES SIGNES

BÉLIER

« Ma mère m'a dit que j'ai le droit de hurler sur les autres s'ils me passent pas la balle assez vite. »

TAUREAU

« Ma mère m'a interdit de partager mon goûter et de prêter mon stylo rouge. »

GÉMEAUX

« Ma mère m'a dit que j'ai le droit de répéter les secrets, si c'est ceux des gens que j'aime pas. »

CANCER

« Ma mère m'a dit que j'ai le droit de pleurer quand quelqu'un me dépasse dans la queue de la cantine. »

LION

« Ma mère m'a dit que la semaine prochaine elle m'emmènerait à l'école en calèche. »

VIERGE

« Ma mère m'interdit de jouer avec les gens dont le QI est inférieur au mien. »

BALANCE

« Ma mère m'a dit que je ne suis pas obligé.e de te parler si t'as mal assorti les couleurs de ta tenue. »

SCORPION

« Ma mère m'a dit que je ne peux faire confiance à personne, même pas à la maîtresse. »

SAGITTAIRE

« Ma mère m'a dit qu'avoir peur dans les toilettes de l'école c'est un truc de poule mouillée. »

CAPRICORNE

« Ma mère m'a dit que les gens qui jouent à la balle au prisonnier sont ridicules. »

VERSEAU

« Ma mère m'a dit que si les autres étaient trop collants j'avais le droit de ne pas leur adresser la parole. »

POISSONS

« Ma mère m'a dit que trop écouter en classe ça faisait mal à la tête et que j'ai le droit de manger ma gomme. »

Cancer

9 ÉTAPES POUR ÊTRE BIEN DANS VOTRE SIGNE

❶ Répéter votre mantra

Je suis suffisant.e !

❷ Connaître votre symbolisme

Je ressens

Votre Symbole : le crabe. Craintif, dangereux et secret, le crabe appartient bestiaire de l'inconscient. Pour se protéger, le crustacé cache son corps mou dans le double refuge de sa carapace et du sable.
Votre Glyphe : ♋ deux spirales qui tourbillonnent et symbolisent les vagues passionnelles qui vous agitent.
Votre astre : la Lune. Elle commande aux marées et comme elle, vous passez régulièrement de l'ombre à la lumière : vos humeurs sont changeantes, à l'image de l'alternance de ses faces.
Votre Mode : Cardinal. Vous démarrez l'Été lorsque les nuits rallongent et qu'un retour vers l'intime s'opère.
Votre élément : Eau. Comme le liquide amniotique, elle est matricielle et enveloppante.
Votre énergie : Réceptive. Telle la plante qui grandit en captant ce qui l'entoure, vous intégrez les éléments de la réalité en vous.
Votre place dans le Zodiaque : l'adolescent.e qui change. Vous êtes l'individu qui prend conscience de sa subjectivité : les vannes des émotions s'ouvrent d'un coup dans les régions sous-corticales du cerveau et il.elle doit les gérer.
Votre position : quatrième signe. Le quatre exprime la stabilité du carré et la sécurité : c'est le chiffre des lois naturelles (4 éléments, 4 vents, 4 points cardinaux, 4 saisons).

❸ Rebondir sur ce qui vous précède

L'éparpillement du Gémeaux

Vous héritez du savoir encyclopédique du Gémeaux, mais refusez son hyper-activité en revenant littéralement vers le foyer, symbolique ou réel : vous vous réfugiez en **Maison IV**, celle de la famille et de l'espace intime.

❹ Accepter votre mission sur terre

Créer le refuge du Moi

Tout votre être est habité par la nécessité de se connaître, de découvrir votre chemin de vie, de circonscrire vos émotions. « Qui suis-je ? » est votre phrase fétiche. Vous possédez une forte personnalité, de celles qui prennent des décisions tranchées, mais l'espace extérieur vous rebute un peu : votre pouvoir ne s'exerce pas mieux que dans l'intimité.

Le GRAND QUIZ

À QUEL POINT ÊTES-VOUS CANCER ?

1. Ce que vous dites
♦ « Si tu veux »
● « J'ai tellement besoin de temps pour moi »
▲ « Non »

2. Ce que vous faites quand vous stressez
♦ Poser des questions
▲ Crier
● Rester entre votre couette et la cuisine pour ne pas voir ce monde de merde

3. Votre passion
● Garder tous les reçus d'une dispute qui date de 2009
♦ Les encyclopédies
▲ Vous cogner dans les murs

4. Votre façon de communiquer
● Poster des citations inspirantes sur Internet pour faire passer des messages aux gens qui vous saoulent
♦ Envoyer des lettres
▲ Parler par-dessus les autres

5. Vous vous détendez en
♦ Étudiant
● Faisant des Facetime avec vos amis d'enfance partis vivre en Nouvelle-Zélande tous les dimanches, sans faute
▲ Allant courir

6. Votre cadeau à un.e proche
♦ Un dictionnaire
▲ Des haltères
● Un album de photos souvenirs avec des collages artistiques « parce que le numérique, c'est sans âme »

7. Vous êtes capable de
▲ Casser plus de trois choses dans une journée
● Changer 23 fois de couleur de cheveux en un mois mais d'être super à cheval sur les horaires du dîner
♦ Beaucoup couper la parole aux autres

Majorité de ●
Bravo ! Vous êtes un.e vrai.e Cancer !

Majorité de ♦ et/ou de ▲
Attention ! Vous pourriez très bien être Verseau ♦ ou Bélier ▲ !
Ajoutez un soupçon de méfiance dans votre vie, ressentez les choses à fond et vous atteindrez le super pouvoir de votre signe : savoir prendre soin de vous comme personne !

Cancer

5 Comprendre votre peur — Les autres

Comment faire face aux autres si je ne me connais pas moi-même ? Cette question vous angoisse car vous êtes très jaloux.se de votre liberté : vous avez besoin de vous cacher dans votre coin sans que personne ne vienne vous embêter. Ce n'est pas de la lâcheté. Votre crainte d'être blessé.e est une manifestation de bon sens, il n'y a aucune vérité dans la souffrance. Comme le crabe, vous marchez de biais pour éviter les confrontations inutiles. Mais cette méfiance peut vous paralyser et vous rendre indifférent.e à ce qui se passe autour de vous.

6 Relever votre défi — Ne pas vous renfermer

Votre intuition, induite par la double influence de la Lune, votre astre, et l'Eau, votre élément, est très fine. Cette porosité aux émotions vous fatigue et met votre susceptibilité à rude épreuve : par peur de trop souffrir, vous décidez souvent de vous réfugier dans votre cocon pour ne plus en sortir. En mobilisant l'énergie du Capricorne, votre opposé complémentaire, vous pouvez vous découvrir la capacité de vous imposer socialement sans vous exposer émotionnellement.

7 Prendre conscience de votre atout — La solidité

Souvent perçu.e comme quelqu'un de changeant, on confond votre capacité à vous laisser porter et guider par vos émotions avec de la fragilité. Or il n'en est rien ; si la quête du bonheur est très en vogue aujourd'hui, elle ne vous dupe pas. Vous savez faire la différence entre le courage d'exprimer ses sentiments et l'hypocrisie ambiante qui pousse à faire semblant d'aller bien. Vous avez la résistance de celui ou celle qui se sait et n'attend l'approbation de personne.

8 Découvrir votre quête intérieure — Guérir le monde

Vous êtes passé.e maître dans l'art de prendre soin de vous-même, mais votre chemin spirituel sera d'élargir cette capacité aux autres : influer sur le flux émotionnel autour de vous et de le transformer en des interactions positives.

9 Apprendre votre phrase puissante

« Je suis ma propre muse, je suis le sujet que je connais le mieux. Le sujet que je veux mieux connaître. »

Frida Kahlo, peintre mexicaine, rebelle et brillante, a passé sa vie à souffrir des blessures d'un accident survenu durant son adolescence. Pourtant, elle a travaillé sans relâche pour créer son œuvre colossale, tout entière consacrée à l'exploration de son être, à travers des autoportraits fabuleux.

La RÈGLE DE 3…

…BONNES RAISONS D'ÊTRE VOTRE AMI.E

Vous êtes empathique
On se tourne vers vous quand il y a un problème et ce n'est pas pour rien : vous savez trouver les mots et vous mettre dans les chaussures de ceux et celles qui vous parlent. Vous comprenez les tenants et les aboutissants d'une situation sans que l'on ait besoin de tout vous expliquer et c'est reposant.

Vous recréez des familles
Votre signe est dépendant de la Maison IV, celle de la famille et des racines : peu importe vos relations avec la vôtre, vous avez besoin de créer une base solide autour de vous, un foyer, réel ou symbolique, composé d'habitudes et de gens sûrs. Lorsqu'on est accepté.e dans ce cercle, c'est pour longtemps : vous savez donner un sentiment de sécurité et d'absolu soutien à vos proches.

Vous savez vous lâcher
Réservé.e, vous pouvez faire preuve de froideur avec les gens qui ne sont pas proches de vous : mais lorsque vous êtes avec vos personnes préférées, vous les entraînez dans de sacrés épisodes de délires. Signe cardinal, vous prenez la tête des opérations facilement et surfez sur la vague de votre état du moment en transformant vos humeurs en raison de faire la fête.

La sérénité est votre carburant

…CHOSES À NE PAS FAIRE AVEC VOUS AU BOULOT

Vous mettre la pression
Vous n'avez pas besoin que l'on vous motive pour faire les choses : la seule personne qui peut vous convaincre qu'une tâche est nécessaire, c'est vous-même. Si l'on essaie de vous forcer la main ou de vous manipuler pour vous amener là où vous ne voulez pas aller, vous vous repliez automatiquement et ne donnez plus rien.

Raconter n'importe quoi
Extrêmement méfiant.e en général, votre tolérance pour le boniment est proche de zéro : vous êtes celui ou celle qui écoute en silence et sans dire un mot les idées creuses pour les oublier dans la seconde. Rien ne vous impressionne vraiment, et il faut se lever tôt pour réellement vous intéresser.

Manquer de finesse
Il faut savoir interpréter votre mutisme occasionnel et vos variations d'humeur : vous avez des idées bien arrêtées que vous ne jetez pas à la tête de tout le monde, et vous appréciez que l'on vous renvoie la politesse. Venir vous importuner avec ses gros sabots n'est pas la bonne technique, dire exactement ce qu'il ne faut pas, votre répulsif.

La subtilité est votre sainte patronne

…CHOSES À ÉVITER POUR VOUS SÉDUIRE

Tout analyser
Vous laissez souvent l'instinct vous guider : vous n'avez pas peur d'affirmer vos émotions et n'avez pas honte d'assumer leur importance, dans un monde où il vaut mieux les cacher pour paraître crédible. Face à quelqu'un qui les met à distance ou a tendance à les minorer, vous vous braquez d'office. Rien ne vous rebute plus que la froideur.

Se la péter
La profondeur de votre être est insondable : il n'y a pas de place pour le relativisme et les choses en demi-teinte. Vous avez besoin de savoir qu'en face de vous, il y a des personnes aux convictions solides : se vanter, afficher son argent, ses relations ou ses possessions ne fonctionne pas.

Jouer l'indifférence
Cela n'a aucun effet sur vous : vous vous fermez et rentrez dans votre carapace. Vous n'avez aucune patience pour les gens qui jouent au chat et à la souris. Malgré votre sensibilité, vous avez la certitude de votre valeur et l'envie de partager des choses fortes sans perdre de temps.

L'authenticité est votre kif

Cancer

Les stats du Cancer

Ses paradoxes

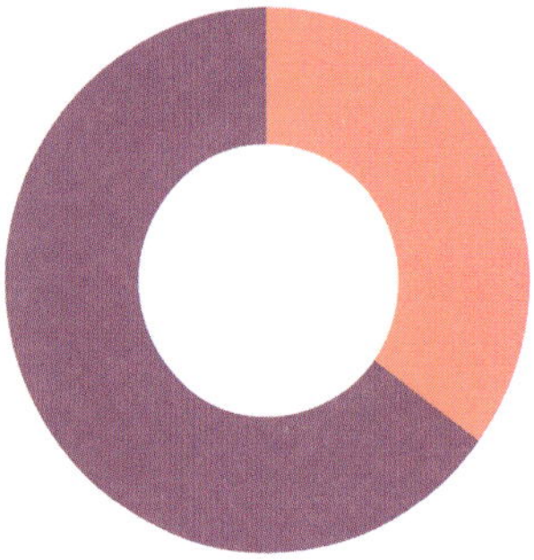

35 %
L'envie de tout donner aux autres

65 %
Le besoin de passer du temps de qualité avec soi-même

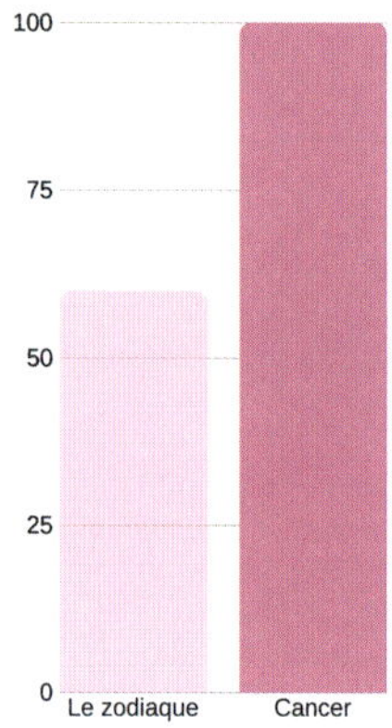

- Garder les choses pour soi et éclater une piñata de l'enfer au-dessus de la tête de gens qui ne savent pas qu'il.elle a commis une faute. Tout défoncer sur son passage, aller se mettre au lit avec une bouillotte et un thé chaud.
- Dire quand on est saoulé.e

Sa vision du travail

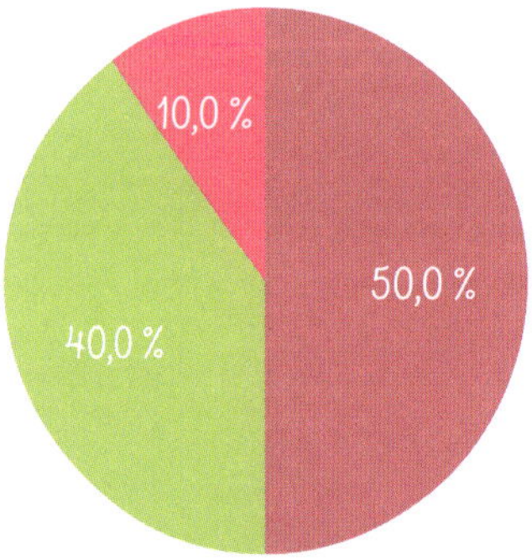

- Être la personne de confiance et se retrouver à faire tout le boulot. Rêver d'être incompétent.e et d'avoir la paix.
- Mal regarder les incompétent.e.s
- Faire des selfies dans les toilettes

Ce qu'il.elle veut vraiment

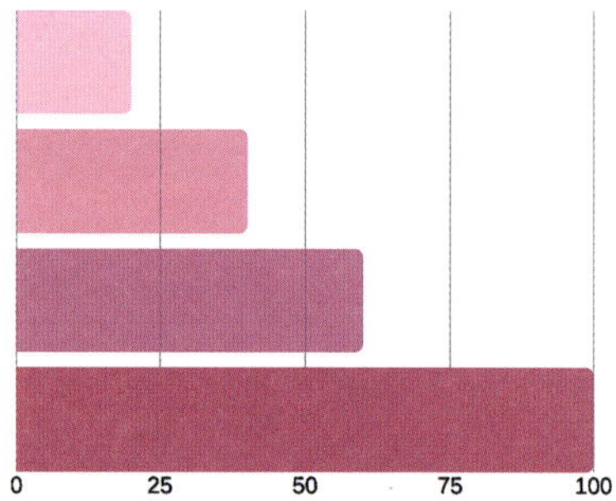

- Dévisser la tête des gens
- De l'amour 100 % absolu
- Que personne ne se foute de sa gueule. Jamais.
- Des parures de lit assorties

11 signes pour vous faire évoluer, 1 seul pour vous défier

Votre opposé complémentaire : le défi Capricorne
L'hyper responsabilité du Capricorne vous met un peu au défi, mais vous êtes deux signes cardinaux, tout en détermination. Il vous pousse à ne pas totalement **vous retrancher de la réalité.**

Les signes qui vous entourent : l'amour-haine
Le Gémeaux diffuse, vous recevez : sa façon de tout intellectualiser vous agace, mais d'une certaine façon, vous êtes deux explorateurs. Il vous apprend **l'importance de la légèreté.**
L'assurance du Lion vous intrigue : comme lui, vous êtes auto-centré.e. Il vous apprend à **vous extérioriser.**

Les signes qui vous sortent de votre zone de confort
L'hyper-sociabilité de la Balance vous épuise mais elle **vous encourage à sortir de l'isolement.** Les éclats de colère du Bélier vous indiffèrent, mais ils vous encouragent **à faire ce qui vous plaît sans trop y réfléchir.**

Les signes qui vous inspirent
Le recul de la Vierge vous plaît : elle vous donne envie **d'intellectualiser vos émotions.** La stabilité du Taureau vous rassure et vous donne envie de **prendre de la distance avec le drame.**

Les signes qui vous soutiennent
Comme le Scorpion, vous avez la volonté de découvrir le Moi, mais il sait se débarrasser de son ego : il vous aide à **aller toujours plus loin dans vos intuitions.** Comme le Poissons, vous agissez avec bienveillance, mais il se protège moins que vous : **il vous aide à vous reconnecter aux autres.**

Les signes qui vous intriguent
Le côté aventureux du Sagittaire vous fascine et il vous fait découvrir le bonheur de crier ses convictions haut et fort. L'indifférence du Verseau vous déstabilise mais elle vous fait découvrir la satisfaction de vous **affranchir de votre susceptibilité.**

Lion

9 ÉTAPES POUR ÊTRE BIEN DANS VOTRE SIGNE

❶ Répéter votre mantra

Laissez-moi briller !

❷ Connaître votre symbolisme

Je suis

Votre Symbole : un félin à l'aura royale. Un mammifère à la robe fauve et à la crinière flamboyante, mi-féroce, mi-paresseux dont le nom est synonyme d'ego dans beaucoup des cultures.
Votre Glyphe : ♌ une ligne courbe qui part d'un petit cercle et conceptualise le rayonnement qui vient directement du cœur pour balayer les zones d'ombres et éclairer le monde.
Votre Astre : le Soleil. Figure d'autorité et de puissance, source de vie et de destruction, il imprime sa vérité de manière immédiate dans un rapport vertical aux choses.
Votre Mode : fixe. Vous vous déployez en toute tranquillité au milieu de l'Été et cette assise vous donne la liberté de manifester la riche palette de votre être.
Votre élément : Feu. Il irradie de l'intérieur vers l'extérieur et brûle pour s'élever tout en étant maîtrisé.
Votre énergie : Émissive. C'est la plante qui s'expose au soleil, et révèle sa beauté au monde.
Votre place dans le Zodiaque : l'adolescent.e qui dit « je ». Vous êtes l'individu qui se reconnaît et sort de sa timidité.
Votre position : cinquième signe. Le chiffre cinq induit une notion de centre, d'ordre et de perfection. C'est l'expression de la totalité du monde sensible (5 sens, 5 formes de la matière).

❸ Rebondir sur ce qui vous précède

Le confinement du Cancer

Vous héritez de la subjectivité du Cancer, petit crabe besogneux qui a collecté les sentiments et les sensations. Vous voulez vous défaire de sa réserve et faites une entrée fracassante en **Maison V**, celle de l'amour et de la joie, qui vous pousse à les exprimer.

❹ Accepter votre mission sur terre

Affirmer le Moi

Votre Soleil est au zénith : il caractérise l'ego qui surplombe tout, qui s'est élevé. Vous avez le devoir d'objectiver la personnalité, de montrer toutes ses nuances. Ce n'est pas toujours facile de représenter, et vous vous y efforcez malgré vos périodes de doutes.

Le GRAND QUIZ

À QUEL POINT ÊTES-VOUS LION ?

1. Vos deux modes
◆ Je sais pas/je sais pas
■ Non/non
▲ Jogging pourri/tenue d'apparat

2. Quand les gens vous agacent
■ Vous grognez
▲ Vous faites semblant de ne pas comprendre le français
◆ Vous souriez

3. En soirée
▲ Vous saoulez le.la DJ pour passer un titre, hurlez « C'est ma chanson! » quand elle passe, poussez tout le monde et faites votre choré.
■ Vous dormez
◆ Vous tomber amoureux.se

4. Ce que vous dites
● Super !
■ Bof.
▲ « J'ai pas envie »

5. Quand vous vous sentez rejeté.e
■ Vous vous taisez
◆ Vous souriez
▲Vous vous enfermez chez vous pour vous noyer dans un pot de Häagen-Dazs

6. Dans vos moments d'enthousiasme
◆ Vous prenez les gens dans vos bras
▲ Vous êtes capable de convaincre votre grand-mère de 83 ans d'aller faire de l'hélicoptère.
■ Vous faites des câlins

7. Votre pouvoir est dans
▲ Vos cheveux
■ Votre patience
◆ Votre sociabilité

Majorité de ▲
Bravo ! Vous êtes un.e vrai.e Lion !

Majorité de ◆ et/ou de ■
Attention ! Vous pourriez très bien être Taureau ■ ou Balance ◆ !
Ajoutez un soupçon d'assurance dans votre vie, soyez un peu plus blasé.e et vous atteindrez le super pouvoir de votre signe : avoir un swag de folie !

Lion

5 Comprendre votre peur

La peur de l'échec

Vous réfléchissez beaucoup avant de vous engager dans quelque chose : plus que tout, vous redoutez de vous tromper et de perdre la face. Vous avez besoin d'être pris.e au sérieux et si vous n 'avez pas le sentiment qu'une action vous valorisera, vous avez du mal à vous y résoudre. Ce sentiment de devoir toujours être à la hauteur peut vous empêcher de faire les choses. Il faut vous autoriser à être brouillon.ne, comme tout le monde (mais on le sait, vous n'êtes pas tout le monde !).

6 Relever votre défi

Vous affranchir du regard des autres

Votre paradoxe, c'est cette énergie irradiante qui vous entraîne à vous révéler, conjointe à cette pudeur cachée, qui vous rend vulnérable. Le regard des autres vous pèse et vous paralyse, alors que vous ne cherchez même pas leur approbation : si vous cherchez en vous l'énergie de votre opposé complémentaire, le Verseau, vous vous affranchirez de vos émotions et rayonnerez dans toute votre différence.

7 Prendre conscience de votre atout

La lucidité

Il n'y a pas de place pour le déni dans votre monde : les rayons de votre Soleil balaient toutes les ombres. Vous avez la faculté de tout voir, à commencer en vous-même : vous avez une conscience très fine de vos atouts et de vos points faibles. Vous n'êtes pas de ceux qui refusent la réalité. Vous prenez les choses comme elles sont et acceptez de faire avec.

8 Découvrir votre quête intérieure

Transcender le Moi

Vous aspirez à la vérité pure, à devenir un être homogène et cohérent, apte à s'élever à de grandes aspirations et à des grands projets humanistes.

9 Apprendre votre phrase puissante

« Tu contrôles ta vie. Ta volonté propre est ce que tu as de plus puissant. »

J.K Rowling, auteure de la célèbre saga *Harry Potter*, a du faire preuve d'une conviction à toute épreuve lorsqu'elle a entamé son chemin artistique. Mère célibataire, au chômage et se débattant avec une dépression chronique, elle a persévéré, certaine que son œuvre valait la peine d'être lue. On connaît la suite !

La règle de 3...

...BONNES RAISONS D'ÊTRE VOTRE AMI.E

Vous tenez vos promesses
Vous possédez un grand sens éthique et lorsque vous vous engagez dans quelque chose, vous le faites. Peu importe que vous soyez fatigué.e, que vous n'ayez plus envie ou que vous ayez une bronchite : si vous avez signé pour une activité, un resto, un week-end avec vos potes, vous vous y tenez et c'est appréciable.

Vous êtes généreux.se
Vous distribuez l'affection, les compliments et les cadeaux très facilement : chez vous, c'est presque une seconde nature. Lorsque vous êtes sûr.e de la validité d'une relation, vous donnez tout, sans contrepartie. Vos proches sont chanceux.

Vous avez confiance en vous-même
Être à votre contact, c'est comprendre que l'on doit avoir conscience de sa valeur sans être détestable : vous rayonnez de cette assurance qui fait du bien à voir et inspire à devenir meilleur. Vous embarquez vos potes là où ils.elles n'osent pas aller, les poussez à s'affirmer et à se révéler comme personne.

La bonté est votre carburant

...CHOSES À NE PAS FAIRE AVEC VOUS AU BOULOT

Vous forcer à collaborer
C'est votre côté fixe : vous ne supportez pas que l'on vous pousse à ce qui ne vous paraît pas logique ou pertinent et vous démordez rarement de vos certitudes. Vous imposer une équipe que vous n'estimez pas ou des gens incompétents peut vous donner envie de montrer les crocs. Vous préférez largement opérer seul.e.

Minorer vos capacités
Vous avez besoin de savoir que les autres vous estiment, et qu'ils connaissent vos points d'appui. Le non-retour sur vos réussites vous déprime et vous démotive : pour vous garder en forme, il vaut mieux savoir communiquer sur ce que vous apportez aux projets.

Vous donner des conseils
Rien ne vous agace plus que les petites phrases passives-agressives qui sous-entendent les choses : vous préférerez une bonne confrontation. Vous ne supportez pas que l'on essaie de vous guider : vous interprétez cela comme de la condescendance ou le signe que vous ne savez pas ce que vous faites.

L'auto-motivation est votre sainte patronne

...CHOSES À ÉVITER POUR VOUS SÉDUIRE

Vous ignorer
Vous n'aimez pas jouer au chat et à la souris : comme votre animal-totem, en gros félin sûr de sa dangerosité et un peu flemmard sur les bords, personne ne vous donne réellement envie de courir. Vous aimez que l'on se donne du mal pour vous séduire et savoir que l'on a envie de vous plaire.

Être négligé.e
Personne n'aime ça, soyons clair.e, mais chez vous, cela prend des proportions intersidérales. Vous faites très attention à vous et attendez de la réciprocité en la matière. L'effort et le soin que vous mettez au service de votre apparence ne sont pas superficiel mais inspirants, et la créativité vous attire.

Être instable
Le manque de fiabilité agit comme un répulsif sur vous : vous ne trouvez cela ni romantique, ni aventureux. Vous n'aimez pas être déstabilisé.e, vous appréciez la constance et la solidité. Vous avez vite l'impression d'être manipulé.e dans une relation, et êtes très à cheval sur les principes : le côté poète.sse maudit.e qui ne se pointe pas aux rendez-vous, très peu pour vous.

La flamboyance est votre kif

Les stats du Lion

Ses paradoxes

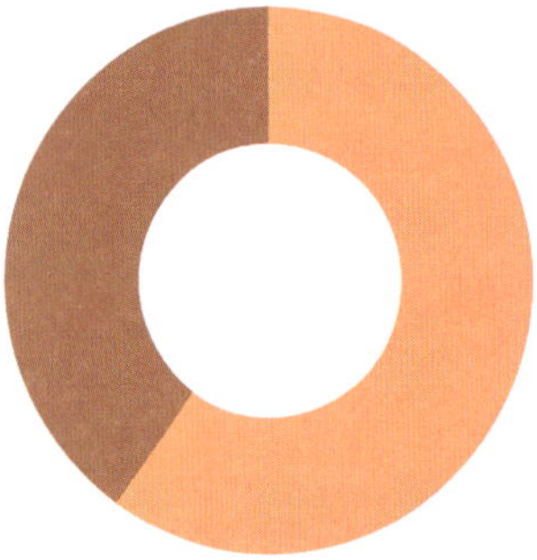

60 %
La peur d'être délaissé

40 %
Le besoin d'envoyer bouler les gens

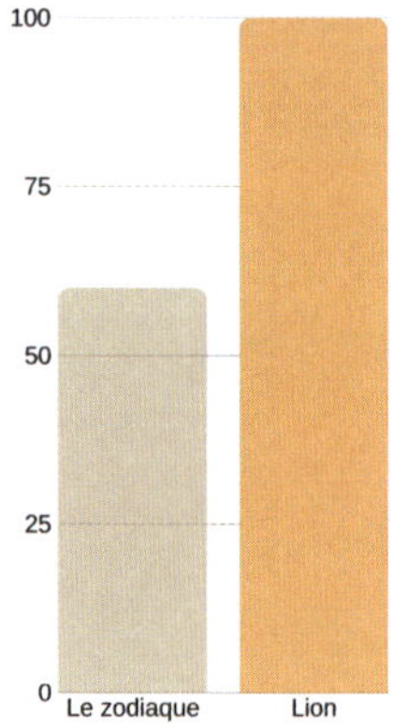

- Se méfier des gens tout en conservant son air cool, mordre au moment où ils ne s'y attendent pas. Être le.la dernière à kiffer quelqu'un que tout le monde adore. Dire « je le savais » quand il.elle s'avère être indigne de confiance.
- Laisser les gens entrer dans sa vie.

Sa vision du travail

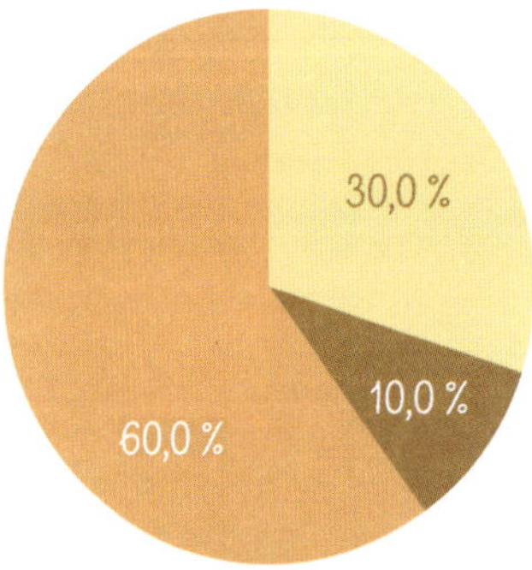

- Donner son opinion
- Se sentir écrasé.e par le poids des responsabilités mais dire : « Laisse, je vais le faire. » juste parce qu'on ne fait confiance à personne
- Mettre de la musique dans l'open-space et danser la Macarena

Ce qu'il.elle veut vraiment

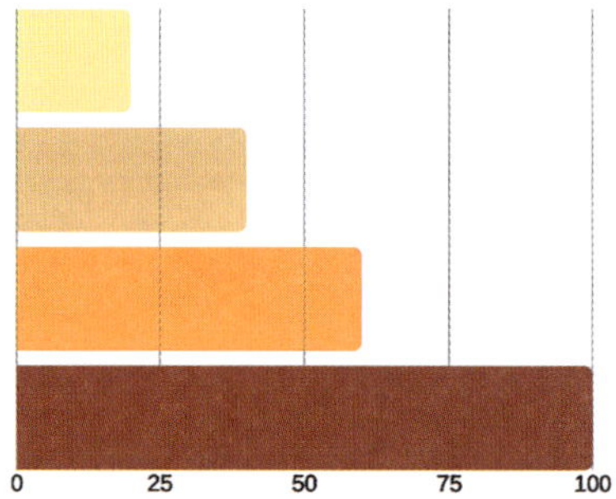

- 0% de mensonge
- Ne pas s'excuser
- De beaux cheveux
- Briller sans avoir à écraser quiconque

11 signes pour vous faire évoluer, 1 seul pour vous défier

Votre opposé complémentaire : le défi Verseau
Comme vous, le Verseau a une personnalité attirante même si sa logique un peu froide vous rebute. Il vous pousse **à faire confiance aux autres.**

Les signes qui vous entourent : l'amour-haine
Comme vous, le Cancer aime l'amour, mais vous avez du mal à comprendre ses replis : il vous apprend à **moins vous exposer pour moins souffrir.**
La Vierge vous agace, à toujours chercher la faille, mais comme elle, vous êtes fiable : elle vous apprend à **faire le tri dans vos réactions.**

Les signes qui vous sortent de votre zone de confort
Le jusqu'au-boutisme du Scorpion vous angoisse mais il vous encourage à **faire face à l'inconfortable et au désagréable.**
Le réalisme du Taureau vous énerve mais il vous encourage à ne pas **désirer l'impossible.**

Les signes qui vous inspirent
Le séduction mesurée de la Balance vous plaît : elle vous donne envie **d'être moins unilatéral.e dans vos relations.**
La sur-activité mentale du Gémeaux vous titille : elle vous envie d'être **plus aventureux.se dans vos choix.**

Les signes qui vous soutiennent
Comme le Sagittaire, votre énergie est ultra-positive, mais il est plus philosophe que vous : il vous aide à **vous décentrer.**
Comme le Bélier, vous ne vous excusez pas de ce que vous êtes, mais il une conscience mois aiguë de ses défauts : il vous aide à **faire preuve de moins d'intransigeance avec vous-même.**

Les signes qui vous intriguent
La distance du Capricorne vous refroidit un peu mais elle vous **fait découvrir le pouvoir de l'indifférence.** La porosité du Poissons est une énigme pour vous mais elle vous fait découvrir **les joies de la flexibilité.**

9 ÉTAPES POUR ÊTRE BIEN DANS VOTRE SIGNE

1 Répéter votre mantra

Je peux m'améliorer !

2 Connaître votre symbolisme

J'analyse

Votre Symbole : Une déesse nourricière, avec un épi de blé dans la main. Elle devient une figure chrétienne avec Marie, qui représente une énergie matricielle d'élévation, une fertilité sans fécondation.
Votre Glyphe : ♍ un jambage qui descend vers la Terre et dont une patte se referme sur elle-même, signifiant le retour du rayonnement solaire vers les choses concrètes et la tendance au repli sur soi.
Votre Planète : Mercure. Liée à l'intellect, à la communication et à l'habileté, elle vous pousse à faire preuve d'inventivité dans votre vie de tous les jours.
Votre Mode : Mutable. Vous incarnez le passage de l'intensité de l'Été à la douceur de l'Automne, et cette énergie vous pousse à adapter les acquis des signes précédents à votre ambition.
Votre élément : Terre. Un compost meuble vers lequel on se baisse, résolu.e au labeur et à la production.
Votre énergie : Réceptive. Comme la terre de la fin de l'Été, qui a tout donné, et qui est prête à se gorger de la pluie de l'Automne.
Votre place dans le Zodiaque : l'adolescent.e qui passe à l'âge adulte. Vous êtes l'individu qui a la capacité de s'envisager objectivement pour se former à la vie.
Votre position : sixième signe. C'est un chiffre ambivalent, qui réunit le Bien et le Mal, le divin et le non-divin. C'est aussi celui de la perfection en puissance.

3 Rebondir sur ce qui vous précède

Le spectacle du Lion

Vous héritez de sa grande lucidité, mais vous devez aussi balayer ses excès, qui ont pris la forme d'une pluie de paillettes : vous vous y attelez en **Maison VI**, celle de l'effort et du quotidien.

4 Accepter votre mission sur terre

La réalisation de soi

Concomitant avec les récoltes et la moisson, votre signe déblaie, pèse, trie, nettoie. Vous passez votre vie à essayer de faire coïncider vos idées et votre être. Peu importe la dureté, l'ingratitude de cette tâche, c'est dans cette dynamique même que se trouve votre accomplissement : vous vous percevez et vous révélez dans ce processus.

Le GRAND QUIZ

À QUEL POINT ÊTES-VOUS VIERGE ?

1. Votre hobby

▲ Voir vos amis

● Vous prendre la tête avec les gens

■ Douter de vous-même

2. Quand vous avez un date

● Vous enquêtez sur elle. lui

■ Vous programmez les questions et les réponses en amont

▲ Vous arrivez en retard

3. Votre passion

■ Vous mépriser car vous n'atteignez pas les objectifs impossibles que vous vous êtes fixés

▲ Avoir raison

● Rayer les gens de votre vie

4. Ce que vous dites

■ « J'essaie de t'aider mais si t'as envie de faire n'importe quoi, pas de problème »

● « Fais attention »

▲ « Tout va bien ! »

5. Votre mode de communication

● Le silence

■ L'humour à froid pour dire ce que vous pensez

▲ Parler sans discontinuer

6. Votre problème

● Les gens niais

■ Chercher à partager des choses intimes et profondes avec des personnes valables. Ne trouver personne de valable.

▲ Le manque d'heures dans une journée

7. Votre hygiène de vie

● Le drame

▲ Le shopping

■ Se coucher tôt pour pouvoir faire la liste de tout ce qui ne va pas dans votre tête

Majorité de ■

Bravo ! Vous êtes un.e vrai.e Vierge !

Majorité de ● et/ou de ▲

Attention ! Vous pourriez très bien être Scorpion ● ou Sagittaire ▲ ! Ajoutez un soupçon d'organisation dans votre vie, soyez un peu plus incertain.e et vous atteindrez le super pouvoir de votre signe : le dépassement de soi !

5 Comprendre votre peur

Ne pas atteindre la perfection

Entre août et septembre, les jours décroissent : la nuit est presque égale au jour. C'est un retour à l'équilibre, qui va trouver sa perfection juste après vous, en Balance. Ce « presque égal » est problématique : vous n'êtes pas dans la mesure parfaite, mais passez votre vie à la rechercher. Ce désir vous permet de sans cesse vous améliorer, mais vous mets aussi la pression. La somatisation et l'anxiété en sont les manifestations évidentes, et elles peuvent littéralement vous pourrir la vie.

6 Relever votre défi

Être moins critique

En disséquant tout, votre comportement comme celui des autres, vous ne faites de cadeau à personne. Ce discernement vous rend efficace mais aussi très intransigent.e : vous avez tendance à minorer vos capacités alors que vous travaillez d'arrache-pied. Si vous réussissez à vous connecter à votre opposé complémentaire, le Poissons, dont l'Eau nutritive irrigue votre Terre un peu sèche, vous saurez comment tout envisager avec plus de bienveillance.

7 Prendre conscience de votre atout

La mise à jour perpétuelle

Impulsée par votre mode mutable, votre volonté de ne jamais vous reposer sur vos acquis vous rend ultra-créatif.ve. La combinaison de cette adaptabilité, alliée à la constance terrienne et la curiosité mercurienne vous confèrent une extraordinaire propension à l'amélioration et à l'auto-challenge. Vous ne cessez jamais de vous fixer de nouvelles limites en tenant compte des vos expériences.

8 Découvrir votre quête intérieure

Atteindre la pureté émotionnelle

Pour atteindre la votre idéal spirituel, celui de la déesse qui nourrit les êtres en restant immaculée, vous devez passer par un ensemencement virtuel, celui de la maturation des sentiments.

9 Apprendre votre phrase puissante

« Peut-être que je suis folle, mais cela ne m'empêche pas d'avoir raison. »

Cette phrase, qui renvoie dos à dos la Vierge folle et la Vierge sage, a été prononcée par Marsha P. Johnson, une militante et artiste afro-américaine transgenre, à l'initiative de l'une des toutes premières révolte LGBT+ à Stonewall, New York, en 1969.

La RÈGLE DE 3...

...BONNES RAISONS D'ÊTRE VOTRE AMI.E

Vous êtes dévoué.e
En affinité avec la Maison VI, celle de la relation de service et les petits bobos, vous êtes animé.e par une volonté de soutenir vos proches au quotidien. Très au point en ce qui concerne les solutions de dernière minute, vous êtes la personne ressource lorsque les problèmes surgissent, de celles capables de veiller, soigner et réconforter.

Votre sens de l'humour est unique
Oui, il tient quelque peu du sarcasme, mais c'est dû à votre perspicacité : mieux que personne, vous savez pointer les petits défauts des gens et les écueils d'une situation. Vous avez l'intelligence et la gentillesse de les transformer en messages doux-amers, sauf quand on vous agace vraiment. Là, vous ne faites pas de quartier !

Vous avez une face cachée
Toujours un peu dans la rétention, vous faites très attention à la manière dont vous vous présentez au monde et formulez toujours votre pensée avec pondération. Mais vous êtes un signe double : quelquefois, la Vierge folle, celle qui veut s'affranchir de toutes les limites qu'elle s'impose, pointe le bout de son nez. Lorsqu'elle envoie bouler toutes ses chaînes virtuelles, elle est en mode *ride or die* et prête à toutes les folies.

Le don de vous-même est votre carburant

...CHOSES À NE PAS FAIRE AVEC VOUS AU BOULOT

Être paresseux
Animé.e par la volonté d'accomplir, vous n'êtes pas un signe de Terre en carton : votre sens de la réussite passe par le travail et vous ne blaguez pas du tout avec le devoir. Lorsque vous êtes obligé.e de composer avec des procrastinateurs en chef ou les adeptes du « Je n'en ferai pas plus » au travail, vous sortez vite de vos gonds, surtout si leur incompétence vous retombe dessus.

Être désorganisé.e
Vous aimez vous préparer à toutes les éventualités : collaborer avec des gens qui font les choses en catastrophe vous fait hyperventiler. Il en va de même pour l'espace dans lequel vous évoluez : vous n'aimez pas le superflu, vous avez horreur de l'accumulation et vous n'accordez pas votre confiance aux gens incapables de retrouver un papier.

Être trop familier
Vous n'êtes pas adepte des grandes claques dans le dos : d'abord parce que vous êtes un.e timide qui se soigne, ensuite parce que les germes ne sont pas trop votre truc. Vous n'êtes pas adepte de la proximité de manière générale, tant sur le plan physique que moral.

La saine distance est votre sainte patronne

...CHOSES À ÉVITER POUR VOUS SÉDUIRE

Vous déstabiliser
Sous votre carapace un peu cynique, légèrement introvertie, il y a une sensibilité à fleur de peau. Vous avez une conscience aiguë de vous-même, de votre corps, de vos capacités et il faut vous manipuler avec précautions pour ne pas vous blesser.

Ne pas communiquer
Gouverné.e par Mercure, vous aimez partager vos représentations avec vos partenaires. Vous sublimez secrètement l'amour et voulez que l'on sache vous dire exactement ce qu'il faut au bon moment. Le mutisme est rédhibitoire, l'absence de réflexion dans l'échange, un tue-l'amour.

Être ordinaire
Faussement sage, vous recherchez la compagnie de personnes complexes et pleines de surprises. Surtout, vous avez besoin de vous connecter de manière totale intellectuellement et physiquement avec vos partenaires : il vous faut quelqu'un qui corresponde à votre idéal. La perle rare.

La consistance est votre kif

Les stats de la Vierge

Ses paradoxes

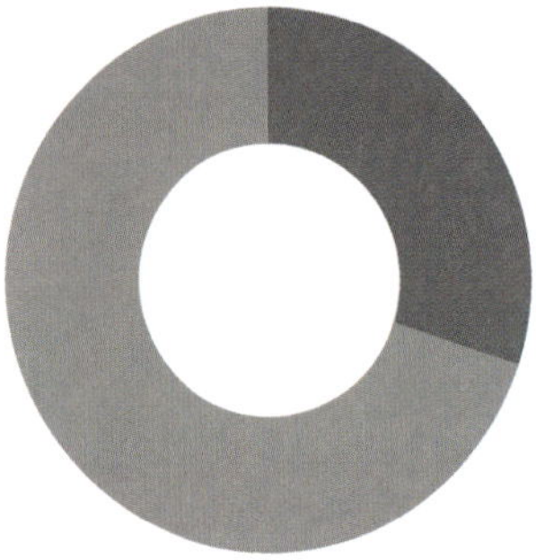

30 %
Le besoin de donner des conseils

70 %
L'envie de ne pas les appliquer soi-même

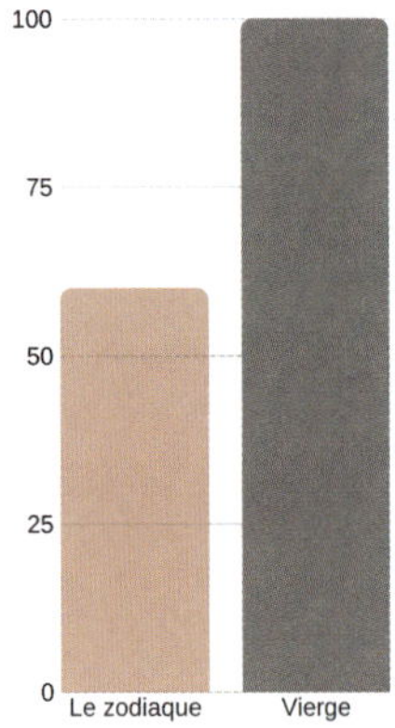

- Se juger soi-même avec une dureté sans faille, juger les autres, juger ceux qui jugent et se juger parce qu'on juge trop durement. Se poser beaucoup de questions.
- Ne pas se poser de questions

Sa vision du travail

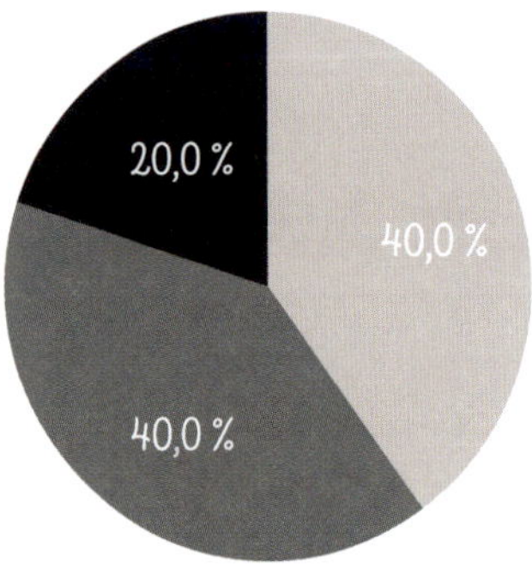

- Se mettre une pression de ouf, avoir le syndrome de l'imposteur, dormir sur ses notes. Dire « Non, ça va. »
- Faire un burnt-out
- Faire n'importe-quoi au pots de départs

Ce qu'il.elle veut vraiment

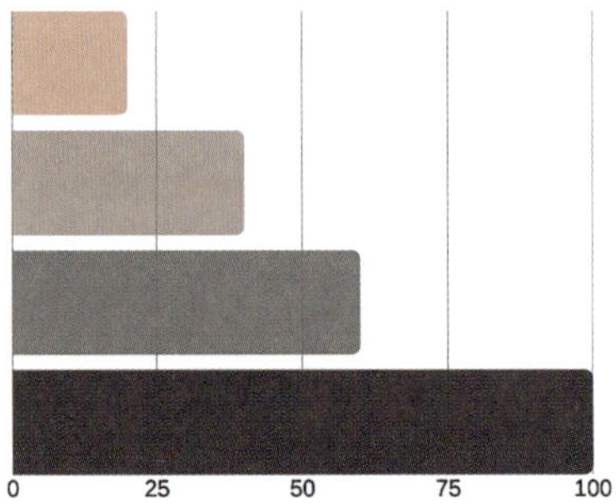

- Pouvoir être hypersensible tranquillement
- Du temps pour fixer le plafond
- Des humains avec le même humour
- 100 % d'investissement dans les projets

11 signes pour vous faire évoluer, 1 seul pour vous défier

Votre opposé complémentaire : le défi Poissons
Le mystère du Poissons vous fascine, mais sa confusion vous angoisse : vous êtes deux êtres très empathiques et il vous pousse à **élargir vos perspectives.**

Les signes qui vous entourent : l'amour-haine
Les excès du Lion vous fatiguent, mais vous partagez un grand discernement : il vous apprend à **ne pas trop vous rabaisser.**
La tendance de la Balance à photoshoper la réalité vous fait lever les yeux au ciel, mais comme vous elle a une bonne capacité de jugement : d'elle vous apprenez à **accepter les conseils.**

Les signes qui vous sortent de votre zone de confort
La volonté de changement du Sagittaire vous laisse sceptique mais vous encourage à **ne pas objecter à tout.** Le dilettantisme du Gémeaux vous agace mais il vous encourage à **esquiver les choses pénibles.**

Les signes qui vous inspirent
Le sens de l'introspection du Scorpion vous plait : il vous donne envie de **faire face à vos émotions les plus complexes.**
La sollicitude du Cancer vous plait et vous donne **envie d'avoir confiance en vos émotions.**

Les signes qui vous soutiennent
Comme le Capricorne, vous êtes fan de concret, mais il est très inspiré : **il vous aide à voir plus grand**. Comme le Taureau, vous avez tendance à chipoter sur les détails, mais il sait se laisser aller : il vous aide **à vous reconnecter sensuellement à votre corps.**

Les signes qui vous intriguent
La singularité du Verseau vous déstabilise mais elle vous fait découvrir le bonheur de **dévoiler votre face cachée.** Le côté brouillon du Bélier vous irrite, mais il vous fait découvrir **la joie de perdre le contrôle.**

SCORPION
SAGITTAIRE
BALANCE

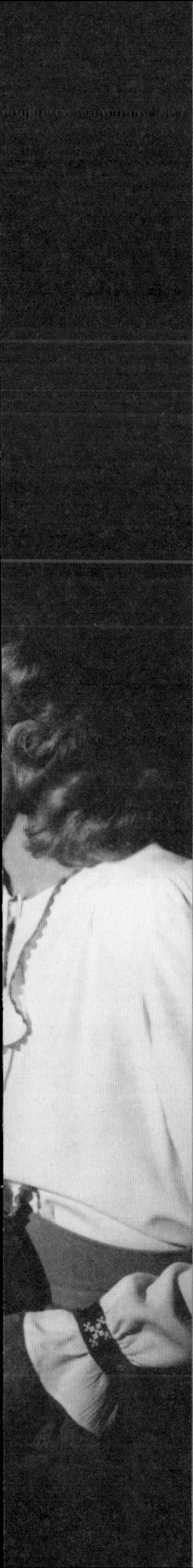

23 septembre
20 décembre

MA ROUTINE ASTRO DE **L'AUTOMNE**

La saison et les signes qui la composent peuvent être symbolisés par le processus agricole : c'est la moisson qui commence après le travail des six premiers signes du Zodiaque. On entre dans la relation à l'autre : c'est l'âge adulte ! La récolte se fait en Balance : l'air est doux, l'Été s'éternise. Elle fait un tri et répartit le grain : c'est le début de l'apprentissage des interactions harmonieuses. Le stockage a lieu en Scorpion : la terre est froide et gorgée d'eau. Il accepte de sceller le grain malgré la promesse de vie qu'il contient : il voit plus loin, au-delà de l'Hiver. C'est la gestion des émotions profondes, cachées. Enfin, la fin du labeur saisonnier s'opère en Sagittaire : la terre retient au plus profond d'elle-même les dernières chaleurs de l'Été. Il part à la chasse, entame une quête nomade vers les idées.

Automne

UN ÉQUILIBRE DÉLICAT

L'Automne est une saison « éthérée », car aucun des trois signes qui la composent ne fait partie des signes de Terre, symboliquement rattachée au matériel et à la corporalité. C'est un moment de pure élévation émotionnelle et spirituelle.

La Récolte

L'eau se déverse sur la terre après la sécheresse de l'Été : la température et la lumière baissent de concert et la saison démarre avec un équinoxe, un point d'équilibre avant le lent déclin vers l'obscurité. La nature reçoit ce signal avec intelligence : elle donne ses derniers fruits avant de se retrancher en elle-même, au cœur de ses racines et dans le creux de la terre. Les feuilles, privées de sève, symbolisent son dernier tour de force en se parant de couleurs éclatantes : partant d'un jaune estival, elles flamboient avec le rouge d'un coucher de soleil, pour enfin s'éteindre avec le brun de la nuit Hivernale. On entame une phase de pourrissement nécessaire : c'est un retour vers le centre, et tout ce qui n'a pas été cueilli va tomber pour nourrir la terre. C'est le moment des dernières récoltes, avant des semailles pleines de promesses.

Ce que cela signifie pour vous

- La saison démarre en Balance, dont le glyphe, un soleil couchant, symbolise le début d'une phase d'obscurité : comme lui, vous redescendez un peu et vous opérez un retour sur vous-même. L'expansion de l'ego opérée en été (a.k.a, Prenez-moi comme je suis) se résorbe, l'inspiration désordonnée du Printemps (a.k.a Poussez-vous, j'existe) s'amenuise : vous entrez dans une phase sociale, paradoxalement plus solitaire.
- On sait qu'entrer en contact avec les autres, c'est régler des problèmes que l'on n'aurait jamais eus tout.e seul.e : vous commencez donc à analyser votre façon d'être et vous avez besoin de solitude pour le faire. Vous récoltez tout ce qui a été acquis dans les six premiers signes : le bon, et le mauvais. À vous maintenant de vous pencher sur la question : comment me comporter ?

Le soir

Il faut comprendre le ralentissement de l'Automne en imaginant le moment suspendu du soir, entre la journée et la nuit totale : les derniers rayons du soleil faiblissent avant de disparaître pour de bon. La saison, dans la mythologie grecque, marque l'enlèvement de Perséphone, la fille de la déesse-mère Déméter, par Hadès, le dieu des Enfers. Elle ne supporte pas cette perte et la nature se désagrège et se fane. La tradition païenne moderne reprend ce symbolisme : c'est **Mabon**, qui s'inspire du conte celte *Mabon ap Madron* (« Fils de la mère »), petit enfant lui aussi arraché à sa mère, déesse nourricière et symbole de la nature, qui dépérit de chagrin. L'enfant kidnappé passe de la lumière aux ténèbres : il fait ce lien, cette jonction entre les forces vives de la vie et de la mort et, une fois sauvé, marque cette connaissance à la fois du monde d'en haut et du monde d'en bas.

Ce que cela signifie pour vous

✸ Il est intéressant de noter que le mot « soir » dérive étymologiquement du latin *sērō*, qui signifie à la fois « lier » et « semer ». Comme les personnages mythiques, vous faites une jonction entre deux aspects de votre personnalité : la vitalité, lumineuse, acquise au Printemps et en été et la spiritualité, plus obscure, qui viendra en Hiver. La saison est un sas, une salle d'attente entre ces deux pôles : c'est l'endroit idéal pour faire le point.

✸ Ce ralentissement vous permet de réfléchir à vos comportements, à les adapter et à essayer de les améliorer. Vous produirez de nouvelles façons d'être, plus adéquates. Vous entrez dans une phase dont les mots clés sont : **choisir, intégrer et promettre.**

Automne

L'énergie

Votre mental : la paix, pourquoi pas ?
C'est la rentrée psychique, après le gros chantier de la fin de l'Été. Vous luttez contre l'amorce de la dépression saisonnière en faisant le bilan de votre vie sociale et en cherchant le fil conducteur dans vos relations. Tel.le l'écolier.e qui ausculte son ancienne trousse pour y remplacer ce qui manque ou ce qui est détérioré, vous ne repartez pas de zéro : vous cherchez simplement des outils neufs et plus adéquats pour les nouvelles tâches qui vous attendent. Vous êtes prêt.e à la rencontre, vous affutez vos stylos et harmonisez les couleurs de vos accessoires pour mieux plaire.
Cette énergie sociale est impulsée par la Balance, signe cardinal, qui met les choses en mouvement. Vénus, qui domine le signe, pousse à la conciliation tandis que l'Air, son élément, diffuse sa volonté de cohérence.

Vos émotions : la peur, où ça ?
Vous oubliez votre zone de confort : vous êtes prêt.e à comprendre la mécanique de vos relations, quitte à avoir mal ou à réaliser que vous vous trompez. C'est une période d'introspection qui vous amène à aller fouiller dans vos cartons et à remuer le passé : vous dressez vaillamment la cartographie de vos ressentis. Cet exercice n'est pas un délire masochiste mais bel et bien une courageuse impulsion qui vous pousse à la transformation.
Les éléments vous soutiennent dans votre démarche ; le jour déclinant et la pluie vous obligent presque à vous retrancher pour gratter là où ça fait mal. Ce besoin viscéral de comprendre ce qui vous anime est canalisé en Scorpion, signe fixe qui concentre l'expérience. Pluton, sa planète maîtresse, symbolise l'identité profonde et l'Eau, son élément, fait refluer cette quête de soi vers le champ de l'intime.

ZOOM sur

QUE FAIRE QUAND MERCURE RÉTROGRADE ?

• Faire tomber son téléphone dans les toilettes.
• Planter son ordinateur sans avoir sauvegardé ses 239 heures de boulot.
• S'enfermer dehors une dimanche soir, en claquettes-chaussettes, sans téléphone, sans pantalon.
• Signer un crédit conso pour remplacer sa machine à laver qui vient juste de tomber en panne et s'apercevoir qu'elle n'était juste pas branchée.
• Croiser quelqu'un qu'on hait alors qu'on fait la queue avec 5 pots de glace rhum-raisin, un paquet de PQ et du fil dentaire. Et rien d'autre.
• Pleurer devant une pub Herta.
• Oublier le mot de passe de son compte gmail, le renvoyer sur son autre compte mail, oublier le mot de passe de ce compte là aussi. Bloquer tous ses comptes mails.
• Aller à un cours de yoga super cher avec des gens minces et beaux, se coincer une vertèbre et finir aux urgences.
• Envoyer « Ça va ma gueule? » à sa grand-mère à cause de l'auto-correcteur.
• Téléphoner à son ex et reprendre une embrouille vieille de 3 ans.
• Envoyer un texto par erreur à quelqu'un qu'on essaie d'éviter depuis 4 ans.

Vos actions : la pluie, et alors ?

Agité.e par un enthousiasme un peu désespéré, vous avez besoin de vous jeter dans les choses avec d'autant plus de vigueur que vous savez ne pas pouvoir échapper à la suite (a.k.a, l'Hiver). En profitant de l'expérience des signes qui vous précèdent, vous pouvez vous accomplir. Vous voyez au-delà du négatif : vous avez envie de vous impliquer, de militer, d'agir pour changer les choses. Vous n'avez pas peur d'affirmer vos idées, ou d'exprimer votre besoin de donner de vous-même pour changer la course du monde, quitte à passer pour un.e idéaliste.

Ce parcours est engendré par le Sagittaire, signe mutable qui vous encourage à l'espoir. Sa planète maîtresse, Jupiter, vous pousse à prendre des risques, tandis que le Feu, son élément, illumine votre esprit.

mes RITUELS

LE GRAND RECYCLAGE

Profitez de l'énergie réflexive de la saison pour opérer un retour sur vos manières d'agir. Faites le bilan des comportements pourris que vous avez dans votre quotidien, à l'égard des autres et de vous-même. Interrogez-vous, puis interrogez vos proches pour savoir ce qui les gêne dans vos interactions : notez-le sur autant de papiers. Ne vous vexez pas, n'argumentez pas, ne vous trouvez pas d'excuses et ne vous apitoyez pas : peu importe ce qui vous a mené.e à être bancal.e, acceptez ce que ressentent les autres ; si vous êtes dans une relation saine, leur parole est valide. Faites une boule avec ces petites papier et tenez-la entre vos mains : essayez de trouver le fil conducteur dans ce qu'il y a de négatif. Si vous ne pouvez pas changer vos réflexes et vos crispations, vous pouvez essayer de les comprendre. Parfois, le simple fait d'accepter d'entendre nos défauts est réparateur pour les autres. Alors recyclez ce qui est nul pour nourrir votre comportement avec de l'empathie.

Automne

4 façons de profiter de la saison de la Balance : la conciliation

Au début de l'Automne, c'est le temps des récoltes et des négociations : on rentre dans une période relationnelle, où les échanges sont primordiaux. C'est l'équinoxe, qui équilibre le jour et la nuit, la neutralisation des forces contraires : un moment de suspension, propice à la paix et à la douceur de vivre.

1 **Vous entourer.** La Balance a un don pour le réseau et son savoir-faire en matière de connexions est légendaire : elle évolue dans la Maison VII, celles des partenariats et a conscience que passer par l'autre peut être une formidable voie pour se trouver et enrichir sa vie. Utilisez son sens de l'harmonie pour créer du lien et vous projeter dans de nouvelles relations, qui pourront vous apporter de la joie et de la bienveillance.

2 **Avoir un.e crush.** Les engouements du signe ne sont pas uniquement physiques et ses passions pour les choses ou pour les gens, plus souvent mentales que charnelles : c'est son côté vénusien contrebalancé par l'Air ! Bien sûr, vous pouvez flasher sur une (ou plusieurs !) personne(s) en particulier et apprécier les papillons dans le ventre qui donnent envie de se lever le matin, mais ce crush peut aussi être artistique, sportif, professionnel !

3 **Évoluer.** La Balance connaît la valeur du changement dans une vie : c'est un signe cardinal et son affinité avec Uranus lui confère le besoin de réévaluer sans cesse sa position. Profitez de cette énergie pour regarder autour de vous et tenter de faire des efforts sur vous-même pour ajuster ce qui doit l'être. Visualisez ses deux plateaux et ce qui doit être ajouté ou enlevé pour trouver votre équilibre. Lisez *Born to run* l'autobiographie de Bruce Springsteen, un natif du signe, qui narre son incroyable détermination à devenir le musicien qu'il rêvait d'être, en cherchant son équilibre tout au long de sa vie !

4 **Oser la perfection.** N'hésitez pas à rechercher l'absolu en la matière, que ce soit dans le champ amoureux, amical, esthétique ou professionnel : Nietzsche, un Balance fameux, a théorisé l'homme total, dans un dépassement de lui-même. La volonté de la Balance est une neutralité élevée, entre le bien et le mal, le beau et le bon, la raison et les passions : le point d'absoluité qui se trouve par-delà toutes les considérations terrestres.

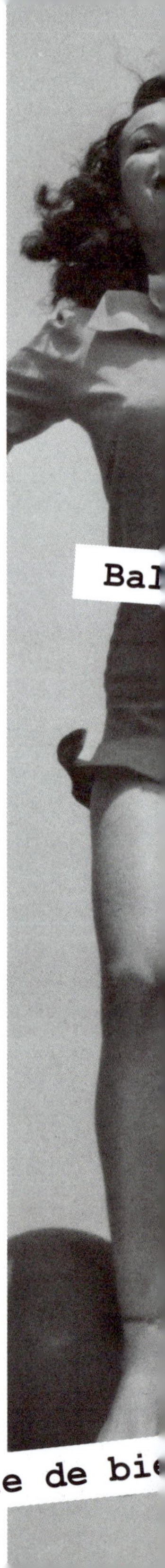

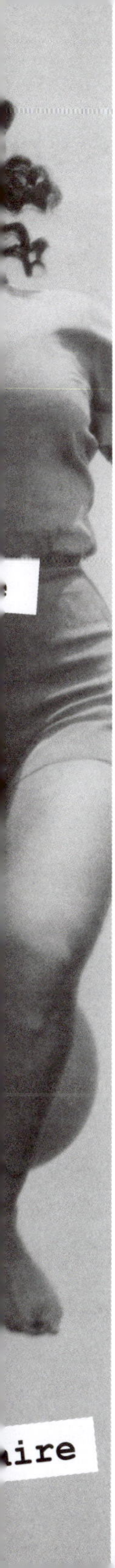

LES ÉLÈVES SELON LES SIGNES

BÉLIER
Celle qui répond au prof alors qu'elle est arrivée en retard et qu'elle s'est trompée de salle.

TAUREAU
Celui qui a mis le minuteur pour savoir quand se termine le cours à la seconde près.

GÉMEAUX
Celle qui demande des précisions sur des points de détails tout en faisant passer des petits mots.

CANCER
Celui qui veut savoir si la prof fait grève.

LION
Celle qui te demande si tu as une feuille, un stylo, tout en gardant ses écouteurs et en envoyant des textos.

VIERGE
La seule qui a rendu son devoir, négocie un demi-point avec le prof mais prépare ses playlists sur son téléphone sous la table.

BALANCE
Celui qui demande de l'aide à son voisin pour écrire des textos d'amour.

SCORPION
Celle qui veut disséquer des animaux/fabriquer de l'acide alors qu'on est en arts plastiques.

SAGITTAIRE
Celui qui a une antisèche dans la manche alors qu'il n'y a pas de contrôle.

CAPRICORNE
Celle qui lit son roman et intervient pour dire à la prof qu'elle n'est pas d'accord.

VERSEAU
Celui qui n'est pas venu.

POISSONS
Celle qui dessine au fond de la classe.

Automne

4 façons de profiter de la saison du Scorpion : la transformation

Le milieu de l'Automne est un moment humide et froid, durant lequel la décomposition de la nature est à l'œuvre, dans un processus de pourrissement, mais en vue de la régénération : c'est le moment où la nuit reprend ses droits sur le jour, dans un retour aux forces psychiques de transformation et de mort.

1 **Aller au fond des choses.** L'énergie de la saison est à l'exploration des choses délaissées, mises de côté par volonté de ne pas souffrir ou de ne pas comprendre. En utilisant la puissance de régénération du Scorpion, vous aurez le courage de puiser dans le passé, où dans le présent qui fait mal, pour mieux le vaincre et le surmonter. « Peut-on échapper à son propre esprit ? » demandait Sylvia Plath poétesse et auteure, dont l'oeuvre, marquée par l'énergie du signe, a exploré tous les aspects de la dépression sans les cacher.

2 **Ne pas vous laisser impressionner.** Certes le Scorpion est un signe d'Eau, mais une eau froide et impassible : sa fixité rigidifie encore un peu plus cet aspect et cela lui permet d'arborer un poker face rarement égalé dans le Zodiaque. Ses planètes maîtresses, Mars et Pluton, vous enjoignent à ne pas avoir peur, et à affirmer votre volonté sans craindre les conséquences.

3 **Avoir une obsession.** C'est le moment de se prendre de passion pour quelque chose : l'énergie mentale du Scorpion est centrée et directionnelle. Explorez vos centres d'intérêt et allez jusqu'au bout dans un domaine ou une activité qui vous épanouit : mettez-y tous vos doutes, vos frustrations et vos angoisses et évacuez-les dans ce processus.

4 **Oser l'expression de vos désirs.** L'expérience de vie du Scorpion l'aide à très facilement circonscrire ses envies : il évolue dans la Maison VIII, celle de la sexualité et de l'occulte. Marchez dans ses pas lors de cette saison et n'hésitez pas à aller chercher au fond de vous ce qui vous fait vibrer, amoureusement ou sexuellement, et surtout, amusez-vous ! Écoutez « Blonde » l'album du Scorpion Franck Ocean, qui explore toutes les facettes de ses troubles avec sensualité. La météo se prête à cet exercice et l'honnêteté du signe repousse les limites que vous vous imposez.

LES SIGNES QUAND LE RÉVEIL N'A PAS SONNÉ

BÉLIER

Insulte les objets dans la salle de bains, peste contre les gens sur la route, renverse son sac en courant, casse l'écran de son téléphone, arrive au boulot en bas de pyjama, avec la trace de l'oreiller sur les deux joues. Prend la réunion en route et demande un stylo.

TAUREAU

Bondit du lit en pleurant de fatigue, panique parce qu'il faut choisir sa tenue trop vite, blâme tous les gens présents dans la maison. Dit « Je vais mourir » car il n'y a pas assez de temps pour le petit déjeuner. Dit « Ma tenue n'a pas de sens », en sortant de la maison.

GÉMEAUX

Vérifie toutes ses applications, envoie un texto pour dire « Je suis coincé.e dans le métro » alors qu'il.elle est sous la douche, appelle son.sa meilleure pote pour un débriefing de soirée. Met 10 minutes à choisir une playlist avant de mettre le pied dehors.

CANCER

Roule en dehors du lit avec la couette, nourrit le chat, arrose les plantes, se fait une boisson chaude, applique un masque hydratant, ouvre un livre, oublie de sortir de la maison.

LION

Met la musique à fond, hurle les paroles en yaourt, appelle le boulot/l'école pour dire que son immeuble s'est écroulé, fait le moonwalk dans le salon, prend le temps de se coiffer quoi qu'il arrive.

VIERGE

Tombe du lit, hurle en voyant l'heure, répète son excuse devant son miroir, hésite pendant 8 minutes entre deux pantalons noirs, prend tous ses compléments alimentaires, révise ses fiches en se brossant les dents et en enfilant ses chaussures.

BALANCE

Hésite entre se lever et rester au lit, entre faire son yoga et manger du Nutella, entre sortir en tenue de gala et rester en jogging. Finit par rester en sous-vêtements et fait ses exercices de respiration en mangeant une tartine de rillettes de thon.

SCORPION

Râle parce qu'il.elle vient juste de s'endormir après une nuit d'insomnie, répète « Je ne survivrai pas à cette journée », suit ses rituels matinaux à la lettre, n'adresse la parole à personne dans la maison.

SAGITTAIRE

Se lève d'un bond, court dans tous les sens, fout le bordel dans le dressing, dans la salle de bains, dans la cuisine. Retourne le salon pour trouver ses clefs, les retrouve dans le sèche-linge, crie « À ce soir ! » aux personnes présentes en leur laissant une pile de linge dans l'évier.

CAPRICORNE

Dit « J'étais réveillé.e », note le numéro de série du réveil pour porter plainte contre la marque, s'habille en 3 minutes chrono, arrive en robe de chambre au boulot/à l'école, dit : « C'est le manteau d'un créateur japonais. » Fait semblant d'être arrivé.e à l'heure en faisant du sarcasme sur le retard des autres.

VERSEAU

Rampe en dehors du lit, change le fuseau horaire de son téléphone pour se sentir mieux, se demande si sa vie a un sens, écoute un podcast sur la souffrance au travail et décide de démissionner.

POISSONS

Hyperventile en voyant l'heure, appelle son rendez-vous pour se confondre en excuses, se prépare en dictant son rêve à son smartphone, dit au revoir à son lit avec les larmes aux yeux.

4 façons de profiter de la saison du Sagittaire : l'expansion

La fin de l'Automne symbolise le temps de la fin des récoltes et le début de la chasse, avant le solstice d'Hiver ; c'est un sursaut de l'instinct et de l'esprit qui s'unissent dans un élan de vie et d'ouverture, une flamme d'espoir avant la nuit totale.

1 Sortir de votre zone de confort. Il faut combattre l'apathie du froid, et la flamme obstinée du Sagittaire peut vous y aider : telles les décos scintillantes de Noël, elle nous montre le chemin en dehors de votre cocon. C'est le moment de vous motiver pour aller faire une balade au grand air, de vous lancer dans ce que vous n'avez jamais osé faire ou de dépoussiérer vos vieux réflexes intellectuels.

2 Accepter le désordre. Un petit chaos mesuré : il faut parfois lâcher prise, et l'énergie mutable du Sagittaire tend à la transformation et à la flexibilité. Le moment est à la fête, aux grandes tablées et aux verres renversés sur le tapis : profitez de l'instant présent, sans chercher à nettoyer derrière vous ! Il en vas de même dans votre tête : n'essayez pas de tout compartimenter et acceptez le désordre. Spinoza, natif du signe, a écrit une œuvre magistrale, l'*Éthique*, dans laquelle il nous apprend que toutes les manifestations du réel sont une seule et même Substance : rien ne sert donc de chercher à les mettre dans des cases !

3 Partager. Le feu sacré du Sagittaire, c'est le savoir : si vous rêvez de donner de votre temps pour faire comprendre ce que vous avez acquis ou offrir vos compétences au monde, c'est le moment ! La météo est à la réunion et à l'échange : vous avez des choses en vous à transmettre. Allez prêter main-forte à des associations, organisez une rencontre, donnez des cours : peu importe le moyen, pourvu qu'on ait la motivation !

4 Oser l'optimisme. Jupiter règne sans partage sur l'esprit du Sagittaire : elle pousse à la prise de risque mais aussi à la chance ! Pensez au parcours incroyable de Tina Turner, icône du blues puis de la pop, qui a su faire face à toutes la violence de sa vie (raciale, conjugale) en se promettant toujours le meilleur et en arborant un sourire éclatant : sa combativité et son espoir, typiquement Sagittaire, sont une inspiration !

LES SIGNES AUX FÊTES DE FAMILLE

BÉLIER

Parle plus fort que tout le monde - coupe la parole - pleure quand la famille lui fait un micro reproche

TAUREAU

Prépare à manger - mange - parle de ce qu'on va preparer à manger

GÉMEAUX

Parle beaucoup - fait une gaffe - fait pleurer un membre de la famille - se confond en excuses - parle encore plus

CANCER

Fait des câlins aux chats - aux plantes - n'adress pas la parole aux enfants relous

LION

A apporté des cadeaux pour tout le monde - veut faire une chenille géante - balance des confettis sur les grands-parents

VIERGE

Vérifie ses mails - appelle son boss - mange trois chips - dit « J'ai plus faim »

BALANCE

Se prend de passion pour un cousin éloigné - promet de passer ses vacances avec - oublie de prendre son numéro

SCORPION

Reproche à ses frères et soeurs de l'avoir enfermé.e dans un placard à 5 ans - oublie de préciser qu'il.elle avait menacé de les découper en morceaux

SAGITTAIRE

Lance un sujet politique archi délicat - va faire la sieste quand tout le monde s'engueule

CAPRICORNE

N'adresse la parole qu'aux gens qui l'intéressent - mange des cacahouètes avec les yeux dans le vague

VERSEAU

Évite toute interaction avec les gens qui posent trop de questions - lève les yeux au ciel

POISSONS

Parle 4 heures avec la mamie qui a Alzheimer sans écouter ses réponses

Balance

9 ÉTAPES POUR ÊTRE BIEN DANS VOTRE SIGNE

❶ Répéter votre mantra `Je veux trouver la voie !`

❷ Connaître votre symbolisme `J'harmonise`

Votre Symbole : un instrument de mesure. Seul signe du Zodiaque à être représenté par un objet, vous marquez une rupture avec le vivant. La Balance est synonyme de justice : vous oscillez entre ses deux plateaux, la raison et le cœur.
Votre Glyphe : ♎ un cercle descendant vers deux lignes parallèles, qui élabore l'idée d'un soleil s'immergeant dans l'océan. C'est une plongée vers la nuit, qui correspond à l'équinoxe d'Automne et un retour aux forces de réflexion.
Votre Planète : Vénus et Saturne. C'est une Vénus qui vous incline à la conciliation et au charme tandis que Saturne, plus composée, vous pousse à la retenue et à l'effort.
Votre Mode : Cardinal. Vous ouvrez une nouvelle voie : celle des signes sociaux.
Votre élément : Air. Une alliance de chaud et de froid, qui vous pousse à chercher l'équilibre dans vos relations.
Votre énergie : Émissive. Vous provoquez les rencontres et la communication entre les êtres.
Votre place dans le Zodiaque : l'adulte qui socialise. Vous êtes l'individu qui cherche à se se définir dans son rapport à l'autre.
Votre position : septième signe du Zodiaque. Comme dans l'arc-en-ciel ou les sept notes de musique diatoniques, le chiffre sept révèle un sens de l'harmonie et de la régulation.

❸ Rebondir sur ce qui vous précède `La parcimonie de la Vierge`

Vous héritez de son sens de la perfection, mais chez elle, il s'appliquait au Moi : vous essayez de vous défaire de sa propension à l'auto-analyse en papillonnant dans la **Maison VII**, celle des Associations.

❹ Accepter votre mission sur terre `Comprendre les relations`

Votre signe fait entrer le Zodiaque dans une dynamique sociale : fini l'animalité et l'auto-centration des 6 premiers signes ! Vous êtes chargé.e du relationnel et des problèmes qui en résultent. Vous êtes donc forcé.e de composer avec les autres, d'aplanir les crispations et de prendre sur vous. Votre finesse d'analyse vous permet de relever ce défi, de créer du lien là où il n'y en a pas et de vous révéler dans ce processus.

Le GRAND QUIZ

À QUEL POINT ÊTES-VOUS BALANCE ?

1. Votre passion
▲Vous faire remarquer
● Rêvasser
♦ Vouloir que tout le monde aille bien

2. Quand tout va mal
▲Vous boudez
● Vous chantonnez
♦ Vous déprimez parce que votre vie n'est pas assez belle

3. Au boulot
▲Vous mettez de la musique dans l'open-space
● Vous ne venez pas
♦ Vous dites oui-oui tout en sachant que vous ne pourrez pas finir

4. Votre paradoxe
▲Vouloir avoir la paix en faisant le show
● Aimer tout le monde en détestant tout le monde
♦ Trouver des excuses à tout le monde, compatir avec les pires relous mais avoir zéro pitié pour une personne en particulier et être prêt.e à la laisser s'étouffer dans son vomi

5. Vous avez tendance à
▲ Mépriser les gens
● Adorer les gens
♦ Faire semblant d'être hyper-cool tout en décidant de tout

6. Votre problème
▲ Assortir vos chaussures avec votre tenue
● Être trop étrange pour ce monde
♦ Avoir beaucoup trop d'ami.e.s, beaucoup trop de fils de conversations WhatsApp, beaucoup trop de secrets à garder

7. En amour, vous êtes capables
▲ De quitter quelqu'un.e par ennui
● De quitter quelqu'un.e par mégarde
♦ De quitter quelqu'un.e pour quelqu'un.e d'autre tout en ayant une relation épistolaire avec votre amour de CM2

Majorité de ♦
Bravo ! Vous êtes un.e vrai.e Balance !

Majorité de ● et/ou de ▲
Attention ! Vous pourriez très bien être Lion ▲ ou Poissons ● !
Ajoutez un soupçon de souplesse dans votre vie, prenez un peu plus sur vous et vous atteindrez le super pouvoir de votre signe : être la coolitude incarnée !

Balance

5 Comprendre votre peur

Ne pas trouver l'équilibre

Plus que tout autre signe, vous avez peur de rater votre vie : pour vous, la réussite ne tient pas aux signes extérieurs de richesse, de gloire ou de pouvoir. Votre objectif est un point de suspension entre les différents aspects de votre existence. Vous voulez trouver cet endroit secret, celui de la forme neutre parfaite, où chaque chose est à sa place et vous, dans un centre apaisé.

6 Relever votre défi

Imposer votre volonté

Votre envie de trop bien faire et de satisfaire tout le monde a parfois l'effet désiré inverse : vous dissimulez, vous vous arrangez avec la vérité pour ne blesser personne et maintenez un équilibre factice qui peut vite se briser. Vous pouvez vous connecter à la force de votre opposé complémentaire, le Bélier, pour prendre des décisions à l'emporte-pièce et vous dire ce que vous voulez sans chercher à toujours couper la poire en deux.

7 Prendre conscience de votre atout

Le sens de la nuance

La combinaison d'une Vénus sympathique et d'un Saturne discipliné, alliée à la légèreté de l'Air vous permet d'envisager le monde et les autres avec l'œil objectif mais plein de compréhension : vous percevez les détails subtils, les enjeux cachés et savez utiliser ce don pour créer de la cohésion autour de vous.

8 Découvrir votre quête intérieure

Trouver votre liberté

Pour accomplir votre chemin relationnel, vous devez vous reconnecter à vos envies et vos particularités profondes, les affirmer pour être un individu entier dans toute sa subjectivité. Pour être deux, il faut d'abord être un tout solide.

9 Apprendre votre phrase puissante

« L'amour ne peut pas rester là, immobile, comme une pierre ; il doit être façonné comme le pain ; façonné encore et encore, renouvelé. »

Ursula K. Le Guin est une pionnière de science-fiction et de la fantasy, née en 1929 et morte en 2018 : elle a imaginé des mondes nouveaux où toutes les limites et les lois relationnelles sont bouleversées.

La RÈGLE DE 3…

…BONNES RAISONS D'ÊTRE VOTRE AMI.E

Vous êtes diplomate
Vous n'aimez pas aller au clash, encore moins blesser inutilement : votre sens du partage vous rend hyper-conscient.e des émotions des autres. Vous savez marcher sur des œufs lorsque c'est nécessaire, démêler les écheveaux d'une situation difficile et éviter de dire ce qu'il ne faut pas.

Vous avez du charisme
Chez vous, Vénus est esthète et associée à l'Air ; cela se traduit par une propension naturelle au charme, un je-ne-sais-quoi qui ne s'explique pas vraiment. Votre aura éminemment sociale attire et donne envie de vous suivre ; grâce à vous, on peut, on est sur un nuage et on rencontre tout un tas de personnes intéressantes.

Vous êtes facile à vivre
Plus réservé que l'on ne le croit, vous n'aimez pas faire étalage des vos nombreux débats intérieurs : votre sens de l'équité vous pousse à ne pas imposer votre mauvaise humeur.
Vous essayez d'être disponible et agréable, et ce trait de caractère, s'il peut être confondu avec de la douceur, est en réalité l'expression d'une grande force intérieure.

La joie est votre carburant

…CHOSES À NE PAS FAIRE AVEC VOUS AU BOULOT

Ne pas être rationel.le
Saturne vous confère une objectivité à toute épreuve et, malgré votre nature engageante, vous savez faire preuve de distance quand il le faut : l'absence de mesure dans les rapports, la trop grande proximité ou les crises passionnelles vous rebutent.

Vous mettre la pression
Vous ne réagissez pas bien à la brutalité et à la contrainte : vous pousser dans vos retranchements peut avoir des effets dévastateurs et vous menez au burn-out très rapidement. Très investi.e dans vos tâches, vous avez besoin d'air et de moments off pour vous ressourcer.

Être besogneux
Vous avez le sens du détail, car vous réfléchissez énormément à ce que vous faites : vous aimez la précision, la beauté de la forme parfaite. Mais votre esprit va très vite, et vous ne voyez pas l'intérêt de passer des heures sur quelque chose qui pourrait être fait rapidement : montrer que l'on rame sur un projet est pour vous un signe de faiblesse et d'inefficacité.

Le raffinement est votre saint patron

…CHOSES À ÉVITER POUR VOUS SÉDUIRE

Vous faire douter
Votre réputation d'indécis.e du Zodiaque n'est pas totalement usurpée, mais aussi un peu injuste : c'est que vous tenez compte de tous les tenants et aboutissants, là où les autres ne se prennent pas la tête. Cette propension est déjà votre némésis : il ne faut pas en rajouter.

Ne pas vendre de rêve
On ne va pas se mentir, vous êtes sensible à l'affirmation, et le laisser-aller, qu'il soit intellectuel ou physique, vous agace. Votre besoin de vous projeter dans l'autre et d'y voir tout le possible est votre motivation pour vous engager dans une relation : il vous faut y percevoir de la créativité et de l'espoir.

Nier vos besoins
Vous pouvez vous fermer comme une huître lorsque l'on ne vous laisse pas la latitude d'exprimer ce qui vous tient à cœur. Si l'on confond votre empathie avec de la soumission, on se prend un mur. Vous détestez que l'on essaie de prendre le pas sur vous : comme le roseau, vous êtes souple et si vous pliez, vous ne rompez jamais.

Le plaisir est votre kif

Les stats de la Balance

Ses paradoxes

40 %
Le besoin d'être au cœur de l'action

60 %
L'envie de ne jamais sortir de chez soi

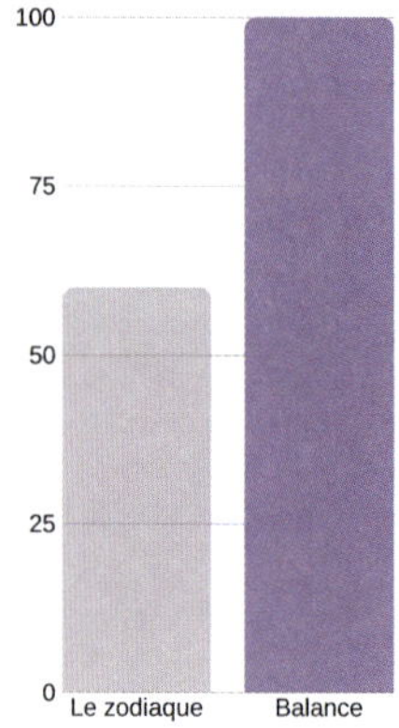

- Pédaler dans la semoule de la vie en gardant le sourire, tout en haïssant secrètement ceux qui ont l'air de savoir ce qu'il.elle fait. Toujours avoir l'air détendu.e sauf quand on pète une durite pour un problème mineur.
- Dire « J'ai besoin d'aide »

Sa vision du travail

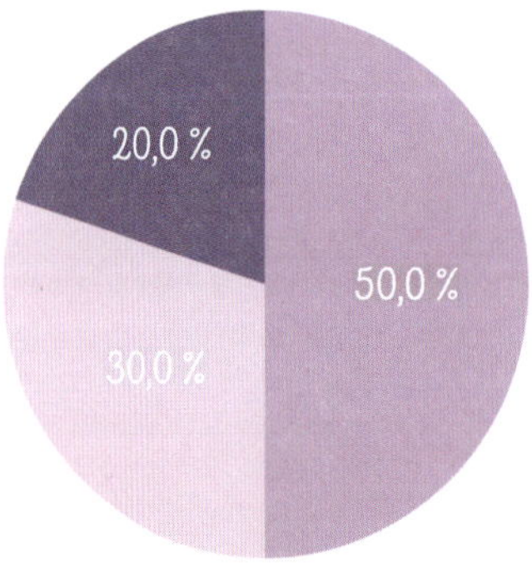

- Écouter les collègues se plaindre en faisant son shopping sur Internet
- Accepter des tâches qu'on ne pourra jamais finir avec un sourire de thérapie
- Sortir de ses gonds au moment où absolument personne ne s'y attend

Ce qu'il.elle veut vraiment

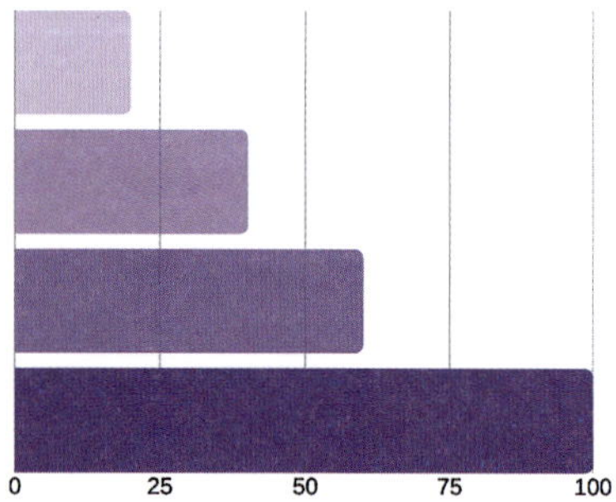

- Être en couple mais libre
- Faire beaucoup de sport en mangeant des churros
- Sortir mais rester à la maison
- Que tout aille bien même si ça ne va pas

11 signes pour vous faire évoluer, 1 seul pour vous défier

✸ Votre opposé complémentaire : le défi Bélier
Comme lui, vous avez le sens de la justice mais son individualisme vous fait peur : il pousse **à imposer votre volonté en cessant de chercher le consensus.**

✸ Les signes qui vous entourent : l'amour-haine
Les jugements de la Vierge vous paraissent souvent trop définitifs, mais son sens de l'analyse vous plaît : elle vous apprend à **perfectionner votre personnalité.**
Le Scorpion n'aime pas les compromis mais, comme vous, il a l'art de la déviation : de lui, vous apprenez à **ne pas éviter les prises de conscience lorsqu'elles sont nécessaires.**

✸ Les signes qui vous sortent de votre zone de confort
Le côté droit au but du Capricorne vous déstabilise, mais il vous encourage **à moins arrondir les angles.**
Le Cancer vous paraît un peu trop méfiant, mais il vous **encourage à vous fermer aux relations toxiques.**

✸ Les signes qui vous inspirent
Les certitudes du Sagittaire vous plaisent : elles vous **donnent envie de faire des choix définitifs.** Vous admirez la flamboyance du Lion : il vous donne **envie de faire preuve de démesure.**

✸ Les signes qui vous soutiennent
Comme le Verseau, vous intellectualisiez tout, mais il sait s'affranchir des autres : il vous aide à **faire preuve d'originalité sans avoir peur de déplaire.**
Le Gémeaux est un peu votre jumeau et vous êtes tous deux avides de connaissances, mais il est moins soucieux que vous : il vous vous **aide à mettre le désir des autres à distance.**

✸ Les signes qui vous intriguent
Le déséquilibre du Poissons vous interroge, mais il vous fait découvrir **le bonheur de se ficher de l'exactitude.** L'inflexibilité du Taureau vous rebute mais **elle vous fait découvrir le pouvoir de dire non.**

Scorpion

9 ÉTAPES POUR ÊTRE BIEN DANS VOTRE SIGNE

1 Répéter votre mantra

Je dois percer le mystère !

2 Connaître votre symbolisme

Je vois

Votre Symbole : un arachnide venimeux. Petit animal agile à la carapace noire, au dard empoisonné et aux pinces coupantes, le Scorpion replonge le Zodiaque dans une animalité souterraine, synonyme de mystère.
Votre Glyphe : ♏, un jambage similaire à celui de la Vierge, tourné vers le sol, mais dont l'une des pattes termine en dard et remonte vers le ciel, signifiant par-là l'exploration des choses enfouies, pour mieux retourner vers la lumière.
Vos Planètes : Mars et Pluton. Pluton, planète de l'identité profonde, vous pousse à l'intensité et au pouvoir sur vous-même tandis que Mars, liée à l'action, libère vos instincts.
Votre Mode : Fixe. Vous apparaissez au milieu de l'Automne, au moment où la nature meurt et n'est pas encore régénérée. Vous ne voulez pas changer avant d'aller au bout des choses.
Votre élément : Eau. Une Eau corrosive, qui érode pour mieux révéler.
Votre énergie : Réceptive. Comme votre Eau stagnante en surface et mouvante en profondeur, elle symbolise votre propension à cacher vos remous intérieurs.
Votre place dans le Zodiaque : l'adulte qui s'analyse. Vous êtes l'individu qui mûrit en acceptant les difficultés et les souffrances.
Votre position : huitième signe du Zodiaque. Le huit est le chiffre de la maturation et de la suspension : c'est aussi celui de l'infini et de la transformation intérieure.

3 Rebondir sur ce qui vous précède

La volonté de consensus de la Balance

Vous héritez de sa capacité à lire le comportement des autres tout en rejetant sa volonté de plaire : vous vous cachez en **Maison VIII,** celle des métamorphoses, qui vous permet de transformer la rencontre avec l'autre en confrontation.

4 Accepter votre mission sur terre

Faire mourir et renaître l'ego

Votre travail est littéralement de remuer les choses qui stagnent et se cachent : vous devez libérer les énergies négatives pour mieux les surmonter et les dissoudre. Vous vous aidez et aidez les autres à guérir dans la confrontation aux réalités compliquées et éprouvantes : cela vous demande du stoïcisme et de la solidité mentale.

Le GRAND QUIZ

À QUEL POINT ÊTES-VOUS SCORPION ?

1. Votre passion
◆ Argumenter
● Être sceptique
■ Bouder

2. Votre hobby
● Ouvrir des dossiers sur les gens qui vous ont fait du tort avec le professionnalisme du FBI
◆ Lire les news
■ Procrastiner

3. Ce que vous dites à votre famille
◆ « Je ne peux pas venir »
■ « Si vous voulez »
● « Ceci est mon espace vital »

4. Votre mode de fonctionnement
● Ne jamais reconnaître votre anxiété, penser que les gens sont faibles, somatiser en mode turbo
■ Grogner
◆ Ghoster les gens

5. Votre mode de vengeance
■ Le silence
● Laisser les gens s'embrouiller dans leurs explications
◆ Disparaître

6. En amour
◆ Vous prenez peur
■ Vous prenez votre temps
● Vous prenez l'adage « Jusqu'à ce que la mort nous sépare » très au sérieux

7. Votre paradoxe
■ Vouloir des câlins mais détester ça
● Être super intense et hyper- attentionné.e à la fois.
◆ Très bien parler pour ne rien dire de vous

Majorité de ●
Bravo ! Vous êtes un.e vrai.e Scorpion !

Majorité de ◆ et/ou de ■
Attention ! Vous pourriez très bien être Verseau ◆ et/ou Taureau ■ ! Ajoutez un soupçon de parano dans votre vie, soyez plus obsessionnel.le et vous atteindrez le super pouvoir de votre signe : le courage d'être soi !

Scorpion

5 Comprendre votre peur

Ne pas avoir le contrôle

Vous redoutez la puissance de vos émotions et de vos intuitions et restez parfois en retrait pour ne pas les imposer aux autres : vous avez peur qu'elles ne passent pour de la fragilité. Dans ce processus, vous craignez de perdre votre ascendant sur les situations et sur les gens, car il vous aide à vous sentir en sécurité morale et affective. Vous devez apprendre à vous libérer de ce cycle pour laisser remonter vos sentiments et vous en libérer.

6 Relever votre défi

Surmonter vos angoisses

En bon signe d'Eau, vous êtes souvent envahi.e par des émotions négatives : vous allez racler là où ça fait mal, sans vous faire de cadeau. Hyper lucide sur les enjeux de vie et de mort, traversant régulièrement des phases profondes de transformation, vous faites face à des crises existentielles dont vous ne faites part à personne. Apprenez à vous connecter à l'énergie apaisée et tellurique du Taureau, votre opposé complémentaire, et comprenez que la torture psychologique vous paralyse.

7 Prendre conscience de votre atout

Votre clairvoyance

Vous n'hésitez pas à aller voir de l'autre côté du miroir, là où le monde et les gens sont moches, dans un élan courageux et intrépide : vous allez aussi chercher la laideur en vous-même. Cela vous met en danger, certes, mais vous en tirez une expérience précieuse et une connaissance exhaustive de la vie et des comportements humains.

8 Découvrir votre quête intérieure

Comprendre votre utilité

Vous avez besoin de trouver le chemin vers le don de vous-même pour montrer toute l'étendue de vos capacités en matière d'abnégation et de soin.

9 Apprendre votre phrase puissante

« L'optimisme signifie mieux que la réalité. Le pessimisme signifie pire que la réalité. Je suis réaliste. »

Margaret Atwood, auteure (et passionnée d'astrologie!) de *La Servante écarlate*, livre à succès adapté en série, résume parfaitement l'état d'esprit du Scorpion face à la vie.

La RÈGLE DE 3...

...BONNES RAISONS D'ÊTRE VOTRE AMI.E

Vous êtes vigilant.e

Profondément intéressé.e par les déboires de vos proches, vous n'attendez pas de parler à votre tour, ce qui est une qualité rare, et savez faire preuve d'un silence bienfaisant. Vous surveillez ceux que vous aimez comme le lait sur le feu.

Vous gardez les secrets

Très à cheval sur ce que vous partagez et avec qui vous le partagez, vous considérez que quand une personne vous confie ses dossiers sensibles, c'est qu'elle a placé une grande confiance en vous. Comme vous détestez la trahison et le mensonge, vous appliquez le principe de « ne fais pas aux autres ce que tu n'aimerais pas que l'on te fasse » : vous êtes une vraie tombe.

Vous êtes tranquilisant.e

En chaque Scorpion sommeille la capacité de guérir les autres : vous accordez une attention démesurée à ceux et celles que vous aimez, sans aucune condition. Capables de n'importe quoi pour vos proches, vous ne posez pas de questions, les aidez à surmonter les moments difficiles en vous impliquant de manière tangible dans leurs problèmes.

La loyauté est votre carburant

...CHOSES À NE PAS FAIRE AVEC VOUS AU BOULOT

Vous scruter

Vous détestez que l'on regarde au-dessus de votre épaule ou que l'on vous infantilise : très indépendant.e, souvent solitaire, vous vous imposez vos propres limites et votre propre discipline.

Changer d'avis

En bon signe fixe, vous n'êtes pas très fan des revirements de situation : capable d'une grande capacité de travail et d'une implication sans faille, vous êtes déstabilisé.e par l'inconnu et abhorrez les modifications de dernière minute, qui remettent en question la patiente élaboration de vos objectifs.

Vous confronter

Il ne faut pas trop venir vous chatouiller, surtout lorsqu'on a tort : vous n'hésitez pas à piquer là où ça fait mal et à dire vos quatre vérités sans vous laisser démonter par qui que ce soit. Vous vous fichez totalement des conséquences, tant que vous êtes sûr.e de votre bon droit. Cela peut créer de sacrés remous et des dissensions au sein d'une équipe.

La droiture est votre sainte patronne

...CHOSES À ÉVITER POUR VOUS SÉDUIRE

Être superficiel.le

Votre propension à explorer la vie sous tous ses angles vous confère une sacrée expérience des choses, et vous n'êtes pas du genre perdreau de l'année. Vous avez besoin d'une âme solide et un peu abîmée en face de vous, pas d'une personne qui fait les choses en dilettante.

Paniquer

Votre affinité avec Mars et Pluton vous confère une aura de mystère et vous donnent des envies d'aventures parfois limites : vous n'aimez pas vous entourer de poules mouillées et, pour vous suivre, il faut une âme bien trempée.

Vous rendre jaloux.se

Votre inclination naturelle est déjà à la méfiance et il ne faut surtout pas jouer sur vos insécurités ; dans ce cas-là, vous sortez vos pinces et c'en est fini de votre opposant.e. Vous avez beaucoup de mal à faire confiance, et lorsque celle-ci est donnée, elle ne peut pas être trahie sans remettre en cause les fondements de votre jugement et vous plonger dans les affres du doute.

La solidité est votre kif

Les stats du Scorpion

Ses paradoxes

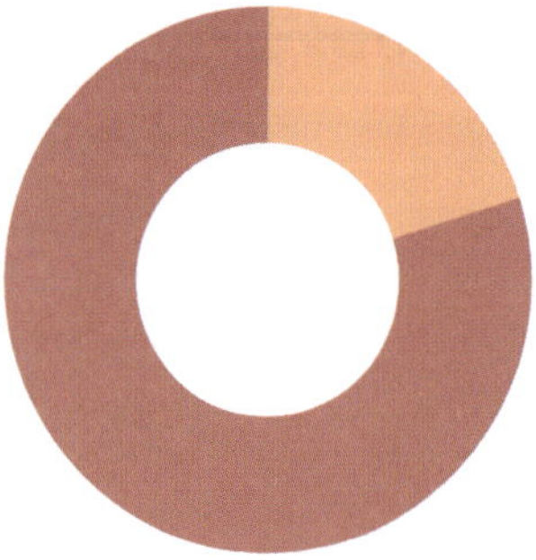

20 %
L'envie de s'ouvrir aux autres

80 %
Le besoin de rester loin des gens

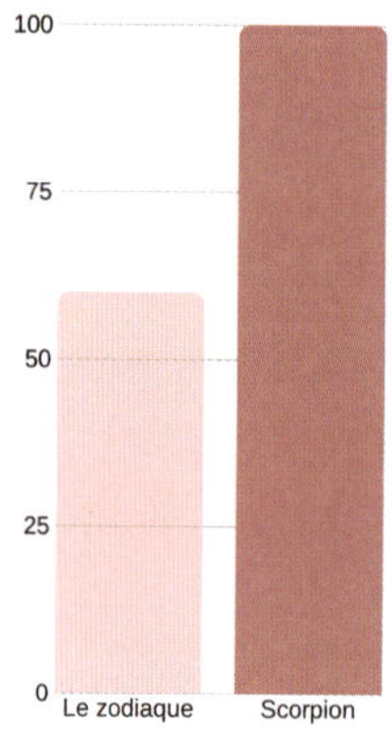

- Vouloir tout donner de manière absolue à ceux.celles qu'on aime mais le faire avec la détermination d'un bulldozer et l'adaptabilité d'une chaise
- Se laisser aller

Sa vision du travail

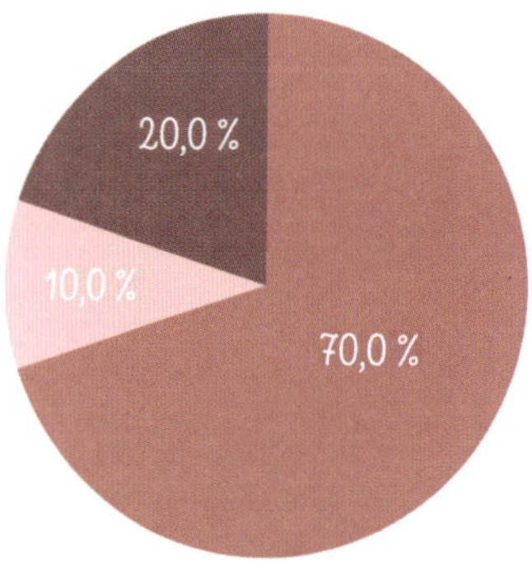

- Suivre son programme à la lettre. Détester son programme
- Se méfier des gens qui racontent leurs vacances à la pause comme de la peste.
- Faire les choses soi-même

Ce qu'il.elle veut vraiment

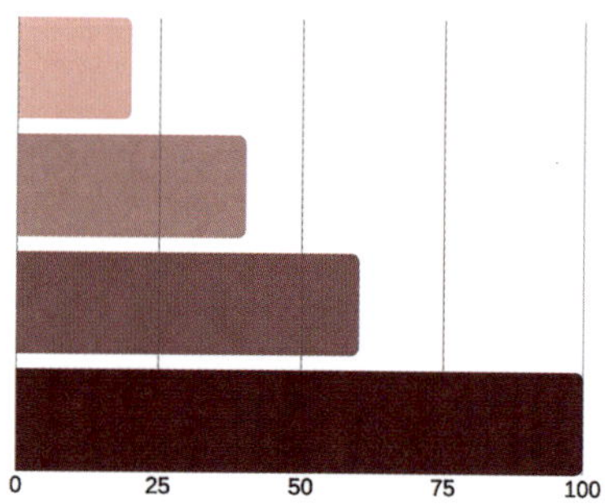

- No new friends
- Un bon traitement contre l'anxiété
- Des objets d'art chelous
- Des gens dignes de leur affection

11 signes pour vous faire évoluer, 1 seul pour vous défier

✷ Votre opposé complémentaire : le défi Taureau

La frilosité du Taureau vous exaspère, mais comme lui, vous avez un rapport corporel aux choses : **il vous pousse à ne pas cultiver vos doutes.**

✷ Les signes qui vous entourent : l'amour-haine

Comme vous, la Balance est un signe relationnel : mais son besoin de tout sacrifier sur l'autel de l'harmonie vous agace. Elle vous apprend qu'il vaut parfois **mieux éviter la confrontation.** L'enthousiasme du Sagittaire vous fatigue, mais comme lui, vous savez faire preuve de courage : il vous apprend à ne **pas toujours aller chercher là où ça fait mal.**

✷ Les signes qui vous sortent de votre zone de confort

L'affectation du Verseau vous exaspère mais elle vous encourage à vous **désengager de vos obsessions.** Le côté « show off » du Lion vous laisse de marbre mais il vous encourage à **affirmer votre puissance sans jouer des pinces.**

✷ Les signes qui vous inspirent

La froide intensité du Capricorne vous plaît et vous **donne envie de vous protéger de vos propres passions.** Vous appréciez le discernement de la Vierge qui vous donne envie de **dédramatiser vos relations.**

✷ Les signes qui vous soutiennent

Vous avez la même énergie psychique que le Poissons, mais il a le sens de l'évitement : il vous aide à vous **libérer de vos angoisses.**
Comme le Cancer vous êtes un animal à pinces, secret et solide mais il a le sens de la préservation : il vous aide à **faire preuve de bienveillance avec vous-même.**

✷ Les signes qui vous intriguent

La candeur du Bélier vous laisse perplexe mais elle vous fait découvrir le bonheur de convoquer l'enfant en vous. La superficialité du Gémeaux vous agace, mais elle vous fait **découvrir le soulagement d'ignorer ce qui ne va pas.**

Sagittaire

9 ÉTAPES POUR ÊTRE BIEN DANS VOTRE SIGNE

❶ Répéter votre mantra

Je veux m'élever !

❷ Connaître votre symbolisme

Je m'engage

Votre Symbole : le centaure. Créature mythologique, il réunit le principe animal de vitalité (le corps) et la connaissance humaine (la tête) : les sabots ancrés dans le sol, le corps tendu et le visage levé vers les étoiles, il fait le lien entre les principes matériel (la terre) et divin (le ciel).

Votre Glyphe : ♐ une flèche tournée vers le haut : elle conceptualise la volonté d'élévation humaine à travers les idées.

Votre Planète : Jupiter. C'est l'astre de la chance et de la croissance : il vous donne le sens de la vérité et de la prise de risques.

Votre Mode : Mutable. Vous arrivez à la fin de l'Automne, avec la volonté de transformer l'énergie sombre de la saison en lumière : vous l'adaptez au changement qui vient.

Votre élément : Feu. C'est un feu de joie, qui illumine l'esprit et réchauffe le cœur.

Votre énergie : Émissive. Vous vous exprimez de manière dynamique et dans une volonté de transmission.

Votre place dans le Zodiaque : l'adulte qui part à l'aventure. Vous arrivez à la fin de la période sociale des signes, pour effectuer la transition vers la sagesse : vous êtes celui. celle qui a besoin de sortir de sa zone de confort pour ne pas s'endormir.

Votre position : neuvième signe. Neuf est le dernier des chiffres : il annonce la fin d'un cycle et ouvre sur une nouvelle dimension. C'est celui du détachement qui vient après la maturation.

❸ Rebondir sur ce qui vous précède

L'introspection du Scorpion

Vous héritez de l'expérience de vie du Scorpion mais aussi de ses blessures, que vous cherchez à évacuer : vous fuyez son pessimisme lucide pour le transformer en optimisme forcené, en explorant la **Maison IX**, celles des voyages, réels ou intellectuels.

❹ Accepter votre mission sur terre

Élaborer une direction

Vous arrivez après la construction de l'Être (Printemps), du Moi (Été) et vous avez acquis le sens des relations sociales grâce aux signes de votre saison , l'Automne. Vous avez envie de vous pencher sur la question du sens de vos idéaux et de vos maîtrises et de la conjonction avec votre envie de « bien vivre ». Cette question vous taraude : comment vivre une vie qui correspond à vos valeurs et améliorer le monde tout en profitant de la vie ?

Le GRAND QUIZ

À QUEL POINT ÊTES-VOUS SAGITTAIRE ?

1. Votre passion

▲ Dire « ça va aller » pour vous motiver à faire n'importe quoi

● Ne pas croire les gens

■ Ne pas sourire aux gens qui vous sourient

2. Votre mantra

● « Garde tes ennemis au plus près de toi »

▲ « Les problèmes, quels problèmes ? »

■ « Réussir ou mourir »

3. Votre mode de fonctionnement

▲ Le passage en force

● L'agressivité

■ L'indifférence

4. En amour

● Vous espionnez

▲ Vous tombez amoureux.se des gens parce qu'ils.elles sont intelligents.

■ Vous n'avez pas le temps

5. Votre hobby

■ Prendre de nouvelles responsabilités

▲ Ressentir des inspirations intellectuelles en plein milieu d'une soirée où tout le monde est décalqué

● Aller chez le psy

6. Votre obsession

▲ Vouloir toujours en être, avoir peur de rater les choses cools, s'épuiser

● Les obsessions

■ La faiblesse

7. Votre problème

● La trahison

■ Les problèmes

▲ Un léger penchant pour la compétition sans jamais vouloir l'admettre.

Majorité de ▲

Bravo ! Vous êtes une.e vrai.e Sagittaire !

Majorité de ● et/ou de ■

Attention ! Vous pourriez très bien être Scorpion ● et/ou Capricorne ■ ! Ajoutez un soupçon de folie dans votre vie, suivez vos inspirations et vous atteindrez le super pouvoir de votre signe : être une vraie fontaine de motivation !

Sagittaire

5 Comprendre votre peur

Être vulnérable

Vous avez l'envie de retenir uniquement la joie de vos expériences : vous repoussez la tendance du Scorpion à explorer le passé douloureux. Vous évoluez en **Maison IX**, celle du voyage perpétuel : cela vous confère une formidable résilience mais vous pousse parfois à vivre dans le déni. Vous craignez de faire face à ce que vous considérez comme des faiblesses : pourtant, il faut parfois s'exposer pour évoluer. Cette volonté d'empire sur vous-même peut vous rigidifier et vous rendre inaccessible.

6 Relever votre défi

Ne pas vous épuiser

… et épuiser les autres ! Votre générosité est sans bornes, mais peut parfois vous mener au bord de vous-même : avec la fatigue, vous perdez de votre souplesse et essayez d'imposer vous vues à tout le monde. Votre tendance à l'expansion peut gêner et envahir. Si vous réussissez à vous atteindre en vous l'énergie de votre opposé complémentaire, le Gémeaux, vous acceptez que l'on ne peut pas convaincre le monde entier et qu'il faut s'y résoudre !

7 Prendre conscience de votre atout

Votre optimisme

Vous êtes un espoir pour l'humanité et la nature : votre sens de l'engagement ne signifie pas que vous ne voyez pas ce qui cloche en ce monde et chez les gens, mais vous savez rebondir et repartir en chasse pour retrouver l'espoir. Vous êtes un formidable moteur pour regarder vers l'avenir avec le sentiment que les choses vont peut-être fonctionner (et on a bien besoin de vous en ce moment!).

8 Découvrir votre quête intérieure

L'accroissement spirituel

Votre chemin est celui de l'évolution vers la sagesse : vous l'atteindrez en appliquant vos grands principes abstraits à votre propre personne et en percevant ce qui est bancal en vous, pas chez les autres.

9 Apprendre votre phrase puissante

« Vous devez apprendre un peu de ma philosophie. Ne pensez au passé que si celui-ci vous apporte de la joie. »

Orgueil et Préjugés. Jane Austen, auteure anglaise du XIXe siècle, a passé toute son œuvre à observer d'un œil critique et tendre, la société dans laquelle elle vivait, pour en retranscrire l'essence avec un réalisme brillant.

La règle de 3...

...bonnes raisons d'être votre ami.e

Vous êtes franc.he du collier
On ne peut pas vous reprocher le manque de sincérité : honnête jusqu'à l'excès, vous dites exactement ce que vous avez sur le cœur, pas toujours avec des pincettes, mais de manière immédiate. Vous êtes la personne ressource en matière de réveil de la conscience.

Vous avez plein d'idées
Votre côté aventurier est aussi mental : vous passez votre temps à rechercher le savoir et à découvrir de nouveaux terrains de chasse intellectuels. Vous voulez comprendre et c'est une véritable émulation pour celles et ceux qui vous entourent.

Vous êtes enthousiaste
Avec vous, pas de triste mine, ni de pessimisme forcené : c'est vers vous que l'on se tourne lorsqu'on veut partager une bonne nouvelle ! Votre joie de vivre est communicative et vous débordez de satisfaction pour les plus petites choses : c'est une fontaine de bien-être pour vos proches.

La convivialité est votre carburant

...choses à ne pas faire avec vous au boulot

Ne pas avoir de vision globale
Rien ne vous agace plus que l'étroitesse d'esprit : vous n'êtes pas un signe de Feu pour rien, et Jupiter vous incline à la croissance perpétuelle. Vous avez besoin de projets plus grands que vous, d'avoir l'impression de faire date. Avoir le nez collé sur le fonctionnement des choses plutôt que sur le résultat escompté vous épuise.

Manquer de polyvalence
Très adaptable lorsqu'il le faut, vous savez suivre le mouvement et comprendre les enjeux du changement : multi-tâche, vous savez faire face aux besoins du moment. Votre élément, le Feu, vous permet d'y répondre avec rapidité et efficacité. L'incapacité à faire face à l'impromptu vous agace profondément.

Se plaindre
D'une nature exubérante, vous êtes dans le quant-à-soi lorsqu'il s'agit d'exprimer votre mal-être : c'est encore plus prégnant dans le domaine professionnel, où vous tracez une frontière entre les émotions et le travail. Très susceptible de revendiquer des choses politiques et de défendre vos droits, vous détestez néanmoins l'auto-apitoiement et les lamentations stériles.

La ferveur est votre sainte patronne

...choses à éviter pour vous séduire

La paresse intellectuelle
Signe mutable, vous aimez fureter partout, et suivre votre curiosité : cela vous rend très à cheval sur l'hygiène mentale, et l'exercice de l'intelligence. Le manque d'idées vous rebute et l'apathie de la réflexion est un tue-l'amour. Il vous faut du challenge, des discussions passionnées et surtout, qu'on vous apprenne des choses.

Ne pas suivre
Vous n'aimez pas le sur-place, l'ennui vous fait peur : si vous aimez votre confort, vous avez besoin de savoir que vous pouvez décoller à tout moment. Il en va de même sur le plan mental : il vous faut trouver une ou des personnes capables de s'accrocher ou d'avoir un emploi du temps dans lequel vous embarquer.

Être frileux.se
Vous êtes « nature peinture » et avec vous, il faut être capable d'entendre ses quatre vérités sans se rouler par terre : vous n'aimez pas la fragilité et la sensiblerie vous agace. Il vous faut des relations de confiance, où les choses peuvent être dites et où des risques peuvent être pris.

L'endurance est votre kif

Les stats du Sagittaire

Ses paradoxes

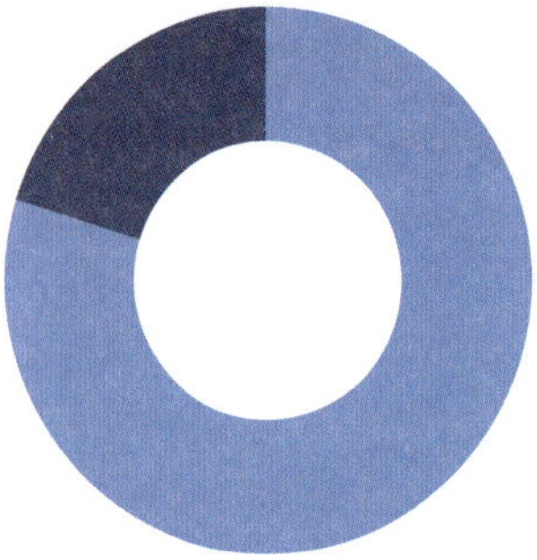

20 %
Le besoin de craquer

80 %
L'envie de ne jamais lâcher l'affaire

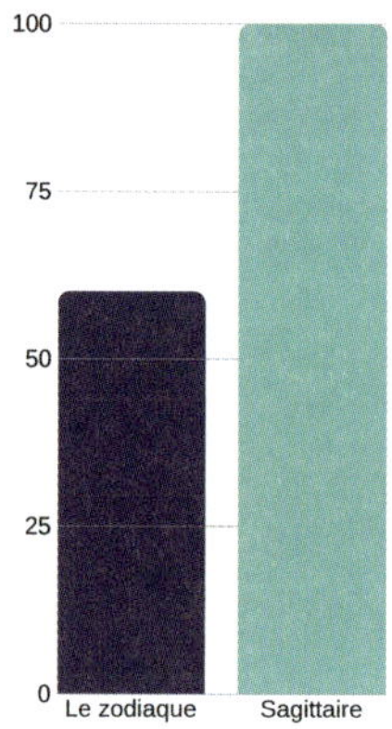

- Faire semblant d'être « cool » et « flexible » alors que la plupart du temps, on a envie de régler ses problèmes au lance-flamme. Beaucoup dire : « Trop chouette ! » mais avoir envie de prendre un aller-retour vers la Laponie pour ne jamais revenir
- Arrêter de prendre sur soi

Sa vision du travail

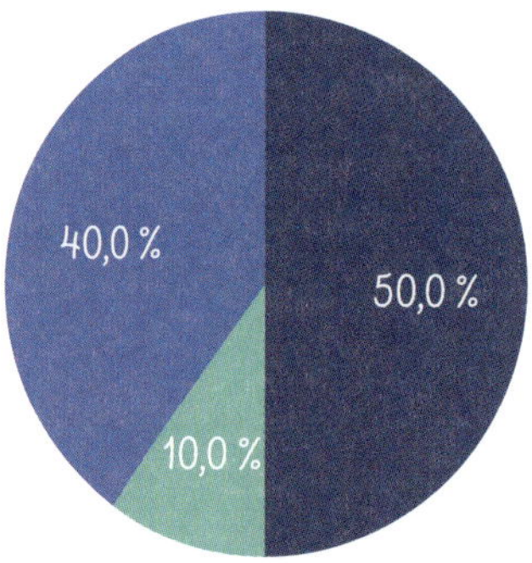

- Manipuler les gens pour qu'ils fassent exactement ce qu'on veut. Dire : « On est une équipe. »
- Booker ses prochaines vacances
- Parler calmement tout en hurlant dans sa tête

Ce qu'il.elle veut vraiment

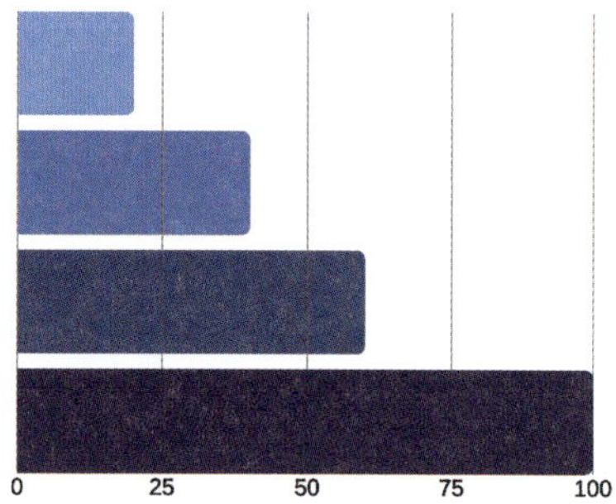

- Ne pas se justifier
- Des réductions sur les billets d'avion
- Des potes à toute épreuve
- Trouver quelqu'un qui accepte de ne pas donner son avis

11 signes pour vous faire évoluer, 1 seul pour vous défier

✷ Votre opposé complémentaire : le défi Gémeaux

La versatilité du Gémeaux vous agace mais vous êtes deux voyageurs de l'intellect : **il vous pousse à vous diversifier pour renouveler vos idées.**

✷ Les signes qui vous entourent : l'amour-haine

Vous avez du mal à faire confiance au Scorpion qui cache trop ses pensées : mais comme vous, il est combattif. Il vous apprend **à faire face à vos dénis.** Le Capricorne est trop pessimiste pour vous, mais il partage votre endurance : **il vous apprend à gérer votre budget.**

✷ Les signes qui vous sortent de votre zone de confort

L'émotivité du Poissons vous déstabilise, mais elle vous encourage **à suivre vos intuitions.** Le doute perpétuel de la Vierge vous agace **mais il vous encourage à être plus réaliste.**

✷ Les signes qui vous inspirent

Le sens critique du Verseau vous plaît : il donne envie de **vérifier ce que vous affirmez.** La pondération de la Balance vous calme : **elle vous donne envie de composer plutôt que d'imposer.**

✷ Les signes qui vous soutiennent

Comme le Lion, votre personnalité est flamboyante mais il est plus réservé que vous : **il vous aide à ne pas dire tout ce qui vous passe par la tête.** Le Bélier partage votre spontanéité mais il est plus naïf : **il vous aide à ne pas tout intellectualiser.**

✷ Les signes qui vous intriguent

L'immobilisme du Taureau vous angoisse mais **il vous fait découvrir le pouvoir de la tranquillité.** La prudence du Cancer est un mystère pour vous mais elle vous fait découvrir **le bonheur retrancher en vous-même pour guérir.**

CAPRICORNE
VERSEAU

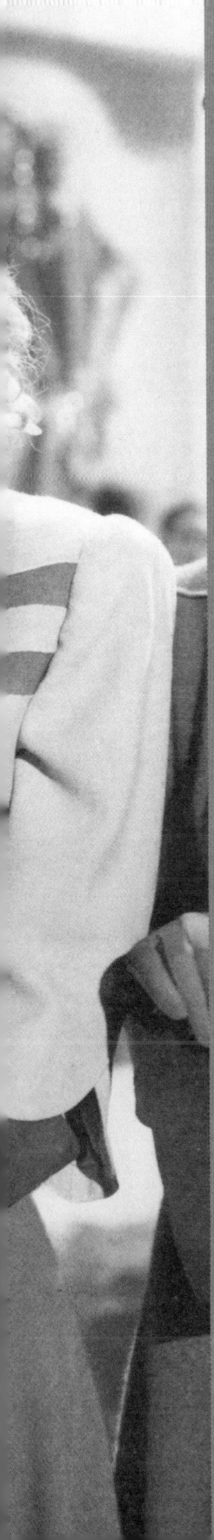

21 décembre
20 mars

MA ROUTINE ASTRO DE **L'HIVER**

La saison et les signes qui la composent peuvent être symbolisés par les différents états de la neige : c'est un processus de transformation par étapes qui a lieu après la décroissance de la saison précédente. Il n'y pas de labeur saisonnier et on a toute la latitude pour penser et exercer sa spiritualité : c'est la Vieillesse. La neige se forme en Capricorne, qui élabore une pensée consciente et construite grâce à son expérience. Elle se fissure et éclate en Verseau, qui remet tout en question pour réinventer le monde. Enfin, elle fond en Poissons, qui veut atteindre l'absolu sans même le savoir.

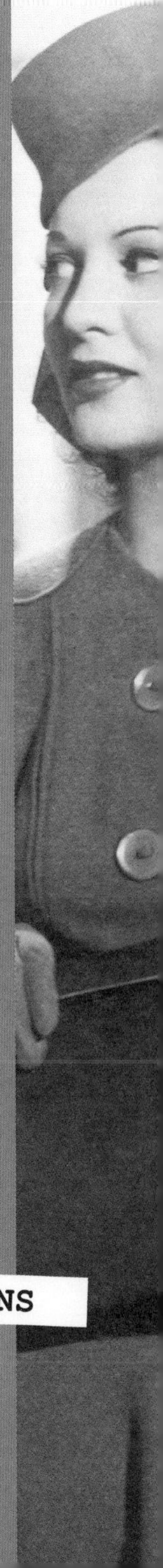

POISSONS

Hiver

UN DÉPOUILLEMENT COURAGEUX

L'Hiver est une saison « froide », car aucun des trois signes qui la composent ne fait partie des signes de Feu, symboliquement rattaché à l'action et au mouvement. C'est un moment de stagnation productive, durant lequel le cœur et le corps s'élèvent vers l'esprit.

Le Retour à l'essentiel

Le solstice d'Hiver marque un nouveau paradoxe : la durée des nuits décroît, mais elle est nettement supérieure à celle du jour. C'est la nuit la plus longue, qui domine tout : la saison symbolise cette poussée d'une obscurité profonde vers la promesse de la lumière. La nature s'est endormie et elle est rentrée en elle-même : elle s'est débarrassée de tous ses artifices, a caché ses trésors et fonctionne avec le minimum vital pour survivre jusqu'au Printemps. Seules les espèces animales et les plantes résistantes s'épanouissent, grâce à leur capacité d'adaptation : c'est un moment de dénuement et de silence. La Terre se révèle dans son plus simple appareil : elle n'est plus sollicitée par les hommes, qui ne peuvent plus la cultiver.

Ce que cela signifie pour vous

✸ Certes la saison pourrait se prêter au désespoir total, mais paradoxalement, elle encourage surtout une grande indifférence pour ce qui n'est pas essentiel : comme la nature qui se dépare des ses accessoires, vous vous dépouillez peu à peu des choses qui vous encombrent pour ne garder que ce qui compte vraiment. ✸ Vous vous prêtez naturellement à cet exercice de strip-tease psychique : plus vous accumulez les couches de vêtements, plus vous interrogez ce bagage que vous trimballez avec vous, plein des expériences, relations et émotions des saisons précédentes. Vous vous demandez ce que vous devez garder pour survivre : de quoi ai-je vraiment besoin ? dans cette épreuve que la nature vous envoie.

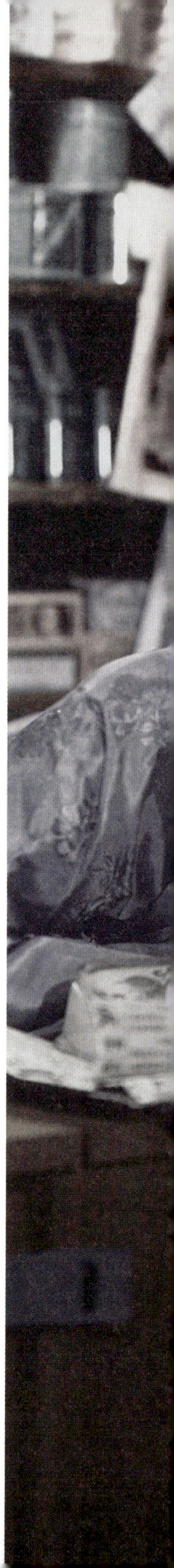

La nuit

On peut représenter l'Hiver par un endormissement général, une lenteur ouatée qui s'apparente à la nuit : c'est un moment d'absence et de retranchement. Le Soleil a disparu, la Lune règne en maîtresse sur les êtres et les choses. Dans la mythologie grecque, la saison marque la douleur de Déméter, la déesse-mère, qui attend le retour des Enfers de sa fille Perséphone, car celle-ci y passe la saison auprès du dieu Hadès. Son chagrin et sa colère se manifestent par l'infertilité des sols et un froid implacable. Dans le paganisme moderne, **Yule** est une fête issue de la tradition germanique : c'est la victoire du roi Chêne, dieu de la lumière, sur le roi Houx, dieu des ténèbres. Elle symbolise la contradiction de la saison : vivre dans l'obscurité en sachant que la lumière va revenir.

Ce que cela signifie pour vous

- La saison démarre en Capricorne, dont le glyphe montre des cornes pointées vers le ciel et une queue de poisson tournée vers la mer. Ce symbolisme résume la tension intérieure qui vous anime : vous descendez dans les profondeurs de votre psyché tout en sachant que ce mouvement vous mènera simultanément vers la lumière de la compréhension.
- Mais rien de valable ne s'obtient sans travail, et c'est la leçon de la saison : pour atteindre cette plénitude désintéressée, vous allez devoir donner un peu de vous-même. Comme Perséphone qui supporte son temps dans les enfers, vous savez que vous allez remonter à la surface ; cette certitude vous calme un peu et vous aide à tirer profit de ce moment d'introspection.

Hiver

L'énergie

Votre corps : les vertus de la rétention énergétique
Cette saison vous pousse dans vos retranchements : telle la plante qui concentre sa sève dans ses racines, vous essayez de ramasser votre énergie pour la concentrer. Le lien entre le corps et l'esprit se resserre : vous savez que les déficits en tous genres se profilent et que l'absence de lumière va jouer sur votre métabolisme (coucou, la dépression saisonnière !). Vous vous imaginez dans *Man vs Wild* dès que vous mettez le pied dehors : vous réalisez que votre corps est un vaisseau dont il faut prendre soin, car les éléments sont contre vous et surtout, que la vie dépend de contingences matérielles et de privilèges.
Cette conscience réaliste est dirigée par le Capricorne, signe cardinal. Saturne, qui domine le signe vous pousse à la protection tandis que la Terre, son élément, vous ramène vers l'essentiel.

Votre mental : les vertus de la solitude
Votre corps est en sourdine, mais votre esprit bouillonne : vous avez envie de penser en dehors du cadre et de ne pas céder à l'appel de la flemme. C'est le moment de réfléchir à ce qui vous passionne, d'explorer des sujets qui vous intriguent. Lire des essais sur la physique quantique, prendre des cours de chant lyrique ou vous impliquer dans une association : des choses que vous n'imaginez pas en temps normal, quand vous binge-watchez la cinquantième série sortie sur Netflix. Vous avez envie de créer du lien et de l'imagination à revendre. Vous entrez en révolte contre votre propre conformisme et ce chemin, vous avez besoin de le faire sans vos proches.
Cette certitude vous est apportée par le Verseau, signe fixe, qui sait assumer son originalité. Uranus, qui règne sur le signe, entraîne l'innovation et l'Air, son élément, la propage.

Vos émotions : les vertus des chansons tristes
On oublie souvent que le bonheur n'est pas un vrai but à atteindre et que le chagrin n'est pas un gros mot. La mélancolie de la saison est cathartique : c'est un laisser-passer pour kiffer le spleen, ressentir pour ressentir. Vous êtes ouvert.e aux sentiments contradictoires, aux réminiscences fumeuses, à l'envie d'être indulgent.e avec vous-même. Et après tout, pourquoi pas ? Il fait froid et vous ne dérangez personne (à part peut-être, votre coloc, votre chat ou votre partenaire, mais il y a bien des moments où ils.elles ne sont pas là). Savoir accueillir la tristesse sans qu'elle vous déborde et vous empêche de fonctionner est un exercice périlleux mais nécessaire. C'est le moment de se laisser aller, d'ouvrir les vannes et de prendre tout ce qui vient. Cette souplesse vous est offerte par le Poissons, signe mutable, qui s'adapte à la vie sans faire de drames. Neptune, qui domine le signe, amène la guérison, tandis que l'Eau, son élément, la rend enveloppante et absolue.

mes
RITUELS

LA GRANDE RÉSOLUTION

Que vous aimiez ou non la coutume des bonnes résolutions de fin d'année, vous avez du mal à y échapper. Mais comme tout le monde, vous ne vous y tenez pas : car qui a envie de se priver de nourriture ou de se lever tous les matins à 6 heures pour faire (mal) du yoga ? C'est peut-être car on ne connaît pas le sens du terme, proche de « dissoudre » ou « désagréger ». Vous ne prendrez pas de bonne résolution cette année, mais vous essaierez de faire imploser les blocages accumulés. Pourquoi faire ? Pour savoir d'où vous partez : remettez-vous en question, interrogez ce qui vous paraît évident, cessez d'être prévisible. Se connaître, c'est surtout s'envisager sans filtre : prenez le temps de dégommer les deux-trois réflexes intellectuels contre-productifs qui vous cachent la vue sur la montagne d'idées qui pourraient vous plaire. Il existe tout un monde en dehors de vos certitudes, tout un tas de réalités que vous ne connaissez pas, des milliards de parcours que vous n'avez pas suivis. Digérez-le et repartez de là : vous n'aurez peut-être pas le troisième œil, mais au moins, vous serez disponibles pour de nouvelles aventures mentales.

Hiver

4 façons de profiter de la saison du Capricorne : le dépouillement

Les plantes sont en mode survie et leur sève se concentre dans des points stratégiques : c'est le point zéro pour la graine cachée dans les tréfonds de la terre. C'est un sommet sombre et froid, mais qui entame paradoxalement un cycle de décroissance des nuits : le solstice d'Hiver. Le travail de la terre est terminé et on profite du temps imparti pour réfléchir et s'installer.

1 **Prendre son temps.** La force de Saturne, planète lente, est de donner le goût de l'effort en vue d'un achèvement complet : captez cette patience tout en retenue pour élaborer un plan à long terme, entamer un chemin psychologique, spirituel, professionnel, relationnel qui se déroulera en plusieurs étapes.

2 **Être utile.** L'une des grandes vertus du Capricorne, signe de Terre, est le sens des choses concrètes : vous avez des capacités et des compétences que vous pouvez mettre au service des autres. Utilisez votre savoir et votre habileté pour faire avancer les choses, chez vous, ou ailleurs. Sortez votre boîte à outils, fabriquez votre savon, que sais-je ! Bricolez, réparez, fabriquez !

3 **Penser vos achèvements.** C'est le moment de vous interroger sur ce que vous voulez, ce dont vous êtes capables et ce que vous avez envie d'investir : à la croisée de ces trois facteurs, se trouve votre volonté pour les temps à venir. Votre Maison est celle de la réalisation sociale : elle vous aidera à trouver la bonne distance pour accomplir les choses, à la fois dans vos relations et dans vos projets. Lisez Simone de Beauvoir, philosophe engagée et native du signe, dont l'oeuvre décisive a pensé la place des femmes dans l'espace public !

4 **Oser l'ambition.** Signe cardinal, orné de cornes conquérantes et d'un sens de la grimpe hors pair, le Capricorne n'hésite pas viser le haut de la montagne : il a la notion de l'effort et ne s'excuse pas de vouloir arriver au sommet. Utilisez cette énergie pour vous imposer et jouer des coudes : on passe beaucoup trop de temps à être poli.e et mesuré.e face à l'incompétence et la méchanceté. Pensez à Michelle Obama, qualifiée de « Capricorne ultime » : élégante, efficace, moderne, elle a enjambé les difficultés de son enfance défavorisée pour viser le plus loin possible. D'aucuns lui promettent un avenir… présidentiel. Boum.

LES SIGNES QUAND LEUR CADEAU EST POURRI

BÉLIER
Je me casse.

TAUREAU
Et en plus, la bouffe est naze !

GÉMEAUX
Je n'avais placé absolument aucun espoir en vous de toute façon.

CANCER
Ah mais si, ça me plait grave !

LION
Comment pouvez-vous me faire une chose pareille ?

VIERGE
J'ai passé 58 heures à choisir un cadeau pour chacun d'entre vous. Mais très bien.

BALANCE
Ces gens m'aiment-ils vraiment ?

SCORPION
C'est dommage, je vous aimais bien.

SAGITTAIRE
Je ne dis rien, mais c'est la dernière fois que vous me voyez.

CAPRICORNE
Vous n'avez jamais compris mon style de toute façon.

VERSEAU
C'est intéressant, votre façon de ne pas être adéquats.

POISSONS
Je m'en tape, j'ai pris les médocs de mamie et je suis à l'ouest depuis 17 heures.

Hiver

4 façons de profiter de la saison du Verseau : le détachement

C'est le cœur de l'Hiver : le froid est comme une lame qui gratte tout le superflu. La nuit décroît, mais reste dominante : c'est le temps de la solidarité humaine face à l'adversité et au dénuement. Le travail physique est terminé, les choses matérielles prennent moins d'importance : on coopère pour faire des projets, regarder vers l'avenir en développant des idées, tout en attendant le retour de la lumière.

1 **Inventer l'avenir.** Uranus, planète d'individuation et de bouleversements, gouverne le signe et le pousse à aller toujours plus loin en matière d'idées. C'est le moment de penser à ce qui va survenir, et à votre impact sur le cours des choses : pensez à Rosa Parks, Verseau célèbre, qui a décidé un jour de ne pas s'asseoir à l'arrière d'un bus. Son geste, anodin, a mis un coup de projecteur sur la ségrégation raciale aux États-Unis. C'est la grande force du Verseau : capter l'expression du temps, et croire en l'effet papillon.

2 **Nourrir votre esprit.** Ayez des marottes, trouvez-vous des hobbies singuliers : magie, lecture de cartes, programmation, curling. Ouvrez des grimoires, des livres, des manuels et plongez-vous dans tout ce qui vous intéresse mais que vous n'osez pas approfondir par snobisme ou par manque de temps. Saturne, en affinité avec le signe, exacerbe le sens de la discipline, qui permet d'aller au bout de vos recherches tandis que son mode, fixe, vous pousse à vous accrocher à votre quête de savoir.

3 **Faire preuve de créativité.** Soyez loufoques, baroques, convoquez le bizarre en vous ! C'est dans les recoins de votre singularité que vous trouvez l'inspiration : pensez à Mozart, génie créatif, qui a su construire une œuvre de référence en dépassant toutes les conventions. Les forces mentales de l'Air vous aident à mettre le doigt sur l'énergie invisible du temps et à la transformer.

4 **Oser la singularité.** La grande force du signe, impulsée par la conjonction d'Uranus et de Saturne, est de réussir à être un individu solide et unifié dans la diversité sociale : comme lui, cherchez votre particularité et cultivez là ! Le jeu est de savoir l'imposer sans vous exclure, d'être unique mais d'en faire profiter les autres à travers vos connaissances, vos créations, où tout simplement à votre contact.

CE QUE DISENT LES SIGNES À LA SAINT-VALENTIN

BÉLIER

Que personne ne s'amuse à balancer des pétales de fleurs sur mon lit. Je les lui fais bouffer.

TAUREAU

J'ai plein de boîtes de chocolats et aucune envie de les partager.

GÉMEAUX

J'ai déjà acheté un cadeau et prévu ma playlist du love. OK, c'est avec mon.ma meilleur.e pote. C'est pas ça, le vrai amour ?

CANCER

J'ai un date avec mon chat, j'ai prévu des Pringles et on se refait tout GOT.

LION

J'ai prévu un tour en hélicoptère, organisé un carnaval à Versailles et prévu de grimper sur la tour Eiffel, mais ne te mets pas la pression pour mon cadeau.

VIERGE

Pour la Saint-Valentin, je veux pas de truc romantique. Je veux du sommeil en plus et un meilleur salaire.

BALANCE

... à part si t'as prévu de boire du champagne en faisant du cheval blanc sur la plage au clair de lune, ça ne m'intéresse pas.

SCORPION

J'ai pris rendez-vous au salon de tatouage pour qu'on se fasse graver nos prénoms respectifs sur l'épaule. Comment ça, ça ne fait que 3 semaines qu'on sort ensemble ?

SAGITTAIRE

J'ai réservé des billets d'avion pour un super week-end romantique. On part dans 10 minutes, donc dépêche-toi si t'as envie de venir.

CAPRICORNE

J'ai un créneau entre 20 h 45 et 21 h 30. Si ça te dit.

VERSEAU

Je hais cette fête créée pour culpabiliser les célibataires et qui accessoirement engraisse le grand Capital.

POISSONS

C'est quoi, cette manie d'être en couple ?

Hiver

4 façons de profiter de la saison du Poissons : la régénération

Les giboulées de mars sont un phénomène naturel parlant : la rencontre entre l'air chaud du Printemps qui arrive et l'air froid de l'Hiver qui se termine. L'énergie de la saison est à la croisée de ces deux forces, juste avant l'équinoxe du Bélier et le retour de la lumière. On traverse une période étrange, mouvante, entre absorption du passé et ouverture vers l'inconnu.

1 **Sortir de votre zone de confort.** Guérir. Il n'est pas anodin que, dans de nombreuses cultures, la figure du Poissons soit liée à celle de la vie en elle-même et jusqu'à celle du Christ en personne : sa grande fécondité fait de lui une figure de résurrection. Pensez à Rihanna, native du signe, quand elle dit « Il est plus difficile d'être vulnérable que de faire preuve de dureté. » : cherchez vos douleurs et utilisez l'énergie de la saison comme un baume pour faire preuve de compassion envers les autres et surtout, envers vous -même.

2 **Relativiser.** L'océan du signe contient tous les possibles, le passé, l'avenir, Dieu et le diable : la diversité des Poissons symbolise la multitude des formes de vie, de la réalité et des rêves. Cette mutabilité vous pousse à expérimenter sans chercher à juger, à prendre des risques émotionnels ou physiques, à chercher votre voie dans la différence. Kurt Cobain, Poissons jusqu'au bout des ongles, a passé sa brillante carrière à remettre son succès en cause et à se moquer sans vergogne de l'ego boursoufflé des ses collègues stars du rock.

3 **Rêver.** Neptune vous encourage à explorer votre psychisme et à vous laisser aller à sa contemplation. Ouvrez un dictionnaire d'interprétation, ou pas : penchez-vous sur votre espace intérieur et essayez d'en tirer un enseignement, une douceur, de la créativité, voire rien du tout ! La rêverie est mal vue dans notre société ultra-productive : mais c'est ce qui fait l'essence même de notre humanité.

4 **Oser l'amour inconditionnel.** Utilisez la puissance de pardon et la bienveillance du signe pour vous défaire de vos passions négatives : passez l'éponge, oubliez tout et recommencez de zéro. Rien ne sert d 'absoudre les autres pour pouvoir leurs faire de nouveaux reproches ! Libérez-vous et libérez vos proches de vos rancœurs, regardez vers l'avenir et régénérez-vous dans ce processus.

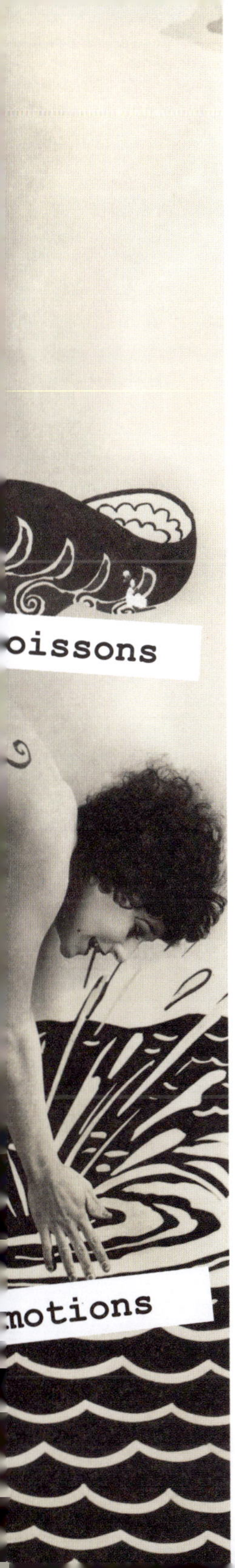

CE QUE DISENT LES PARENTS SELON LES SIGNES

BÉLIER

C'est la guerre que vous voulez ? Vous allez l'avoir, mes p'tits potes.

TAUREAU

Viens manger.

GÉMEAUX

Chéri.e, ton exposé sur les lézards me passionne mais je dois finir ma partie de GTA.

CANCER

Non, je n'ai pas lu ton journal intime. D'accord, je l'ai survolé, mais j'ai sauté tous les passages vraiment intimes.

LION

Comment ça, tu n'es pas invité.e à l'anniversaire de truc? Attends, on va organiser une fête le même jour. Y aura Maître Gims et des PS4 pour tout le monde.

VIERGE

Si tu m'aides à finir mon dossier, on ira au parc.

BALANCE

Plus je te regarde, plus je me dis qu'on a mal choisi ton prénom.

SCORPION

Bonne nuit. Et ne faites pas de bruit. Si je vous entends respirer, je bois votre sang.

SAGITTAIRE

Mais bien sûr que tu peux aller à cette soirée électro-tuning ! Je peux venir ?

CAPRICORNE

Le Père Noël n'existe pas.

VERSEAU

S'il y a une chose sur laquelle tu pourras toujours compter, c'est sur le fait que j'ai toujours raison.

POISSONS

Moi, tu vois, quand j'avais ton âge, j'ai... Non rien, laisse tomber.

Capricorne

9 ÉTAPES POUR ÊTRE BIEN DANS VOTRE SIGNE

❶ Répéter votre mantra

Je veux maîtriser !

❷ Connaître votre symbolisme

Je construis

Votre Symbole : la chèvre de mer. L'origine de la figure mythologique de la chèvre à queue de poisson est nébuleuse, mais comme le Sagittaire, c'est une créature hybride, qui allie deux principes contraires. Ici c'est la tête (le mental) et non les pattes, mais une nageoire, symbole des forces spirituelles.
Votre Glyphe : ♑ c'est un trait qui part dans deux directions opposées, formant une pointe vers le haut et une boucle vers le bas : il met en lumière les forces contraires qui habitent le signe, à la fois attiré par les hauteurs (la chèvre grimpe des pentes abruptes) et les profondeurs (le poisson s'immerge).
Votre Planète : Saturne. Votre planète maîtresse est celle des limites et du temps : elle vous pousse à l'effort et vous donne de la rigueur.
Votre Mode : Cardinal. Vous entrez dans l'Hiver d'un coup de corne, en impulsant de la détermination et de la ténacité.
Votre élément : Terre. C'est une terre sèche et lourde, celle de la réalité fondamentale qui s'exprime dans votre signe.
Votre énergie : Réceptive. Vous incorporez physiquement et mentalement l'expression du dépouillement.
Votre place dans le Zodiaque : le.la sage qui prend sur lui.elle. Vous entamez l'ère du détachement et de l'éveil spirituel : vous poussez le reste du Zodiaque vers la vieillesse, moment de retour sur soi et de la prise de conscience de ce qui est essentiel.
Votre position : dixième signe. C'est un nombre total, qui marque une rupture après le cycle des chiffres : il exprime l'unicité de la loi.

❸ Rebondir sur ce qui vous précède

L'exagération du Sagittaire

Vous héritez de la volonté d'élévation intellectuelle de votre prédécesseur, mais vous n'aimez pas sa tendance à vivre en dehors des réalités : vous vous stabilisez en **Maison X**, ou Milieu du Ciel, pour consolider votre destin social.

❹ Accepter votre mission sur terre

Structurer le monde

Vous héritez de toute l'expérience mais aussi du sacré bazar des neuf premiers signes : vous avez la charge d'y mettre de l'ordre pour entrevoir les lignes de force qui s'en dégagent et n'en garder que l'indispensable. Vous vous attelez à ce travail avec rigueur, car c'est grâce à votre passage que la voie sera nette et dégagée. Vous voulez bâtir un environnement extérieur et intérieur concis et dénué de superflu pour mieux percevoir ce qui est important pour progresser.

Le GRAND QUIZ

À QUEL POINT ÊTES-VOUS CAPRICORNE ?

1. Au boulot
◆ Vous connaissez le prénom de tout le monde
■ Vous n'adressez pas la parole aux collègues qui se plaignent tout le temps
▲ Vous faites des blagues

2. Ce qui vous rend dingue
■ Les gens qui respirent fort
◆ Les secrets
▲ Les cheveux gras

3. Votre passion
▲ Le karaoké
◆ Les memes
■ Faire des combats de regard avec les enfants qui foutent le bordel dans le bus

4. Votre obsession
■ Avoir un plan pour les 5 semaines, mois, années à venir
◆ Les preuves
▲ Ne pas sortir

5. Ce que vous dites
◆ « Je dois partir »
■ « Mouais, ça pourrait être mieux »
▲ « Vous m'écoutez, là ? »

6. Votre mode de fonctionnement
■ Ne pas avoir le temps
▲ Vous vexer
◆ Vous moquer des gens

7. En amour
▲ Vous vous méfiez
■ Vous donnez tout mais disparaissez pour ne plus jamais revenir si vous souffrez trop
◆ Vous faites des détours

Majorité de ■
Bravo, vous êtes un.e vrai.e Capricorne !

Majorité de ◆ et/ou de ▲
Attention ! Vous pourriez très bien être Gémeaux ◆ ou Lion ▲ !
Ajoutez un soupçon de rigidité dans votre vie, travaillez votre poker face et vous atteindrez le super pouvoir de votre signe : une volonté de réussir à toute épreuve !

5 Comprendre votre peur

Ne pas être adéquat.e

Signe de Terre, vous évoluez en **Maison X**, celle de la réalisation sociale : vous aimez vous sentir ajusté.e à la réalité. Vous avez besoin de participer à la réalité et de sentir que votre action est concrète (c'est votre partie chèvre). Mais vous avez en vous cette part nébuleuse, plus floue, et qui vous rend plus décalé.e qu'il n'y paraît (votre partie Poissons). Vous craignez que l'on ne découvre cette particularité, de perdre l'image de contrôle que vous avez sur vous-même et de ne plus être crédible.

6 Relever votre défi **Lâcher prise**

Il vous faut accepter ce que vous ressentez et parfois vous réfugier dans les bras des autres : vous étouffez souvent votre spontanéité car vous avez peur de perdre pied. Pour cela, vous devez vous reconnecter avec votre opposé complémentaire, le Cancer, pour renouer avec votre sensibilité et trouver un moyen de l'intégrer à votre plan de vie.

7 Prendre conscience de votre atout **La persévérance**

Vous avez des objectifs dans tout les domaines de votre vie et un sens de l'effort considérable. Votre désir d 'entreprendre est à la hauteur de vos capacités à encaisser tous les déboires à venir. Votre mode, Cardinal et la partie haute de votre symbole, les cornes de la chèvre, mettent en lumière votre aptitude à aller toujours plus loin. Comme le Bélier, vous foncez ; mais là où lui s'arrête de manière inopinée, vous élevez votre quête à votre esprit.

8 Découvrir votre quête intérieure **La félicité**

Vous passez votre vie à essayer de correspondre à un modèle, à vouloir être exemplaire : plus vous évoluez et vieillissez, plus votre désir de réussite s'estompe. Votre chemin spirituel est celui du réenchantement : vous tendez à retrouver la joie pure de votre enfance, après vous être prouvé à vous-même et aux autres que vous êtes capable de réussir.

9 Apprendre votre phrase puissante

« Nous traversons la vie. Nous abandonnons notre peau. Nous devenons nous-même. »

Patti Smith est une chanteuse, auteure et poétesse américaine qui a marqué la scène rock'n'roll et le monde à travers son destin courageux de femme artiste au milieu d'une scène essentiellement masculine. Elle symbolise la densité, la concision et la quête d'élévation spirituelle du signe.

La

RÈGLE DE 3…

…BONNES RAISONS D'ÊTRE VOTRE AMI.E

Vous êtes pince-sans-rire
Contrairement aux apparences, l'humour est l'un de vos outils de prédilection pour exprimer vos ressentis : vous l'utilisez avec le flegme qui vous caractérise et la distance nécessaire pour être vraiment drôle. S'ensuivent de bonnes tranches de rigolade pour vos proches, private jokes à l'appui.

Vous êtes responsable
Vous ne vous dérobez jamais à vos obligations et honorez votre parole : on peut compter sur vous dans les projets communs, autant dans l'organisation que dans le suivi. Cela vous rend fiable et vous transforme en repère dans la vie de vos proches.

Vous êtes aimant.e
Vous ne distribuez pas votre sympathie aux quatre vents, et lorsque vous le faites, c'est avec assurance et certitude : votre face cachée, sensible et affectueuse, vous pousse à choyer vos proches en les valorisant et en les encourageant sans cesse.

Le désintéressement est votre carburant

…CHOSES À NE PAS FAIRE AVEC VOUS AU BOULOT

Ne pas assumer ses erreurs
Pragmatique et plein.e de ressource, vous avancez avec détermination dans vos projets et n'aimez pas vraiment que le manque de compétences des autres y fasse obstacle. Vous êtes disposé.e à passer l'éponge sur les bourdes, mais vous ne supportez pas qu'on essaie de les dissimuler et de bricoler des solutions dans votre dos.

Se noyer dans un verre d'eau
Très endurant.e, votre côté saturnien vous donne un sens de la discipline et de l'effort qui peut faire un peu peur : vous avez du sang-froid et prévoyez les ennuis en amont. Vous n'appréciez pas les crises de panique et l'incapacité à rebondir en cas de problème.

Être malhonnête
Vous n'hésitez pas à vous envisager avec lucidité et votre intégrité peut rarement être remise en question. Vous avez une saine horreur des coups bas et votre sens de la morale, renforcé par Saturne et votre élément, la Terre, est très développé. Il ne faut pas jouer le vice avec vous, car on y perd absolument tout.

Le mérite est votre saint patron

…CHOSES À ÉVITER POUR VOUS SÉDUIRE

Vous faire perdre du temps
Vos minutes sont précieuses : vous n'avez aucune patience pour l'inutile et le superflu. Vous aimez la transparence que ce soit pour une relation longue ou une sortie d'un soir : peu importe, tant que les choses sont établies en amont ! Les simagrées vous exaspèrent : vous préférez qu'on appelle un chat un chat et savoir exactement ce que vous devez attendre.

Être indécis.e
Le romantisme n'est pas votre domaine : vous pouvez assumer toutes sortes de relations, mais pas les drames et les crises passionnelles. Le triturage de méninges et les assiettes cassées, très peu pour vous : vous préférez savoir où vous allez, et les gens qui ne savent pas ce qu'ils.elles veulent ne vous intéressent pas.

Ne pas gérer son budget
Absolument pas vénal.e, bien au contraire, vous ne supportez pas le gaspillage, la démesure et la superficialité. Vous appréciez la prudence et la stabilité dans ce domaine, et voir les autres s'enfoncer dans le n'importe-quoi vous rebute en vous ôtant l'envie d'aller plus loin.

La qualité est votre kif

Les stats du Capricorne

Ses paradoxes

50 %
L'envie de dévoiler ses sentiments

50 %
Le besoin de ne jamais rentrer dans les choses perso

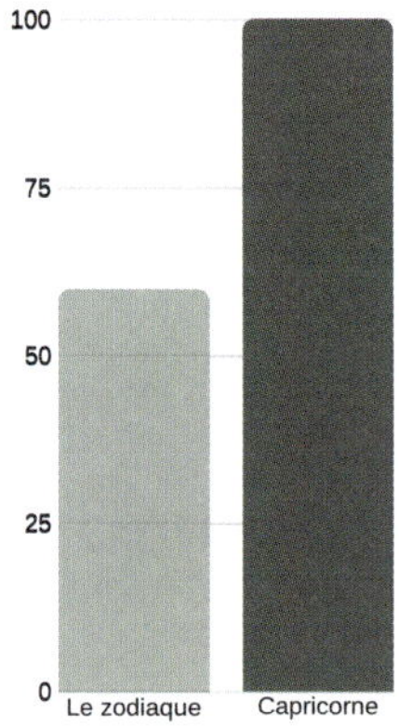

- Idéaliser les autres et être forcément déçu.e par eux, ne pas savoir le leur dire, leur en vouloir de ne pas être à la hauteur, pardonner quand même par flemme d'entamer des explications trop longues
- Mettre la barre moins haut avec les gens

Sa vision du travail

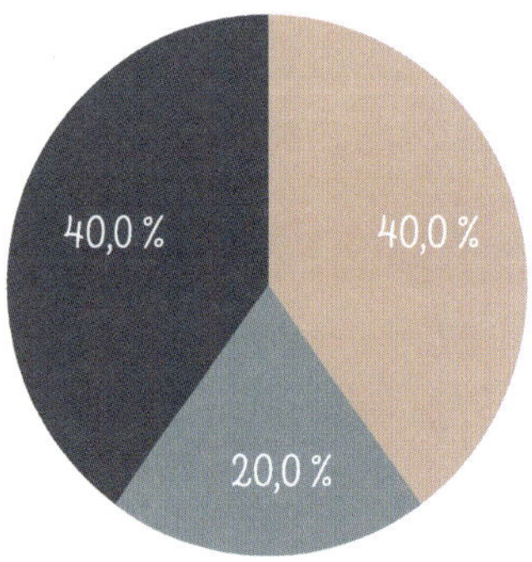

- Rentrer après 20 heures
- Garder ses écouteurs en réunion
- Rester en dehors des histoires

Ce qu'il.elle veut vraiment

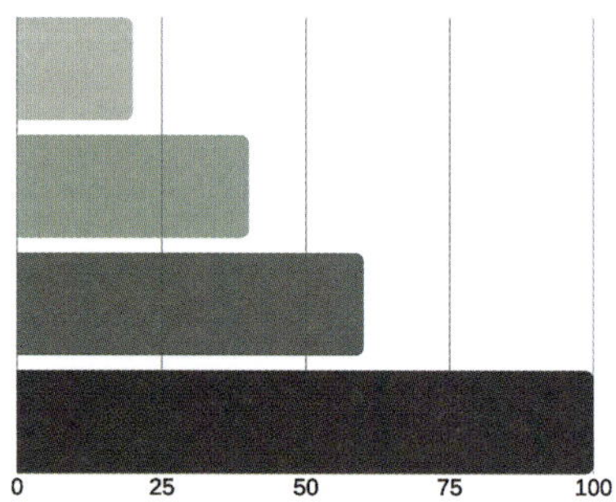

- Un job
- Ne pas faire la conversation
- Un livret d'épargne
- Des fringues parfaitement coupées

11 signes pour vous faire évoluer, 1 seul pour vous défier

Votre opposé complémentaire : le défi Cancer
Le côté passif-agressif du Cancer vous énerve, mais vous êtes deux êtres réservés : **il vous pousse à être moins rigide avec les autres.**

Les signes qui vous entourent : l'amour-haine
Les grandes envolées du Sagittaire vous laissent de marbre mais à vous deux, vous savez vous engager : **il vous apprend à être moins pessimiste.** Vous partagez les valeurs humanistes du Verseau, même si sa dissidence vous inquiète : **il vous apprend à prendre des risques.**

Les signes qui vous sortent de votre zone de confort
L'insatisfaction perpétuelle du Bélier vous fatigue mais elle vous encourage à ne pas **vous contenter de ce que vous avez accompli.** La volonté de partage de la Balance vous épuise, mais elle vous encourage à **offrir vos connaissances.**

Les signes qui vous inspirent
La volonté d'élévation du Poissons vous plaît : elle donne envie **d'ouvrir votre cœur à l'inconnu.** Le courage du Scorpion face aux tâches difficiles vous parle : il vous donne envie d'aller **encore plus loin dans vos projets.**

Les signes qui vous soutiennent
Comme le Taureau, vous êtes tenace, mais il sait profiter de la vie : **il vous aide à contempler vos réussites.** Comme la Vierge, vous avez le sens du travail bien fait, mais elle sait faire preuve de sensibilité : **elle vous aide à vous détendre un peu.**

Les signes qui vous intriguent
La légèreté du Gémeaux vous déstabilise, mais elle vous fait découvrir que **tout n'a pas nécessairement une importance primordiale.** L'ego du Lion est un mystère mais il vous fait découvrir **le bonheur de réussir sans labeur.**

9 ÉTAPES POUR ÊTRE BIEN DANS VOTRE SIGNE

1 Répéter votre mantra

Je veux tout déconstruire !

2 Connaître votre symbolisme

Je sais

Votre Symbole : la verseuse d'eau. Une figure humaine, âgée et pliant sous le poids d'une ou deux amphores, qui déversent une eau plus éthérée que liquide, se rapportant à des ondes.
Votre Glyphe : ♒ deux lignes brisées parallèles, signifiant les vibrations émanant du ciel et de la Terre, qui cherchent indéfiniment à se rencontrer. Cette dynamique est celle du magnétisme entre les éléments.
Vos Planètes : Uranus et Saturne. Uranus, astre du changement et de l'innovation vous pousse à l'individuation, tandis que Saturne, planète de la loi et de la discipline vous aide à vous intégrer dans la société.
Votre Mode : Fixe. Vous vous installez au creux de l'Hiver, dans une volonté d'ouverture sur l'avenir.
Votre élément : Air. C'est l'oxygène dans l'eau : un air qui s'apparente au fluide, moins sec et plus rare.
Votre énergie : Émissive. Vous vous exprimez par l'émission d'ondes positives, créant des liens et de la nouveauté.
Votre place dans le Zodiaque : le.la sage qui prend conscience. Vous êtes l'individu qui démantèle toutes ses croyances et ses déterminismes, car il n'a plus peur de l'avenir.
Votre position : onzième signe. Le nombre onze implique une fracture et un renouvellement : il est celui du déséquilibre apportant le changement, et de l'initiative individuelle.

3 Rebondir sur ce qui vous précède

La rigidité du Capricorne

Vous héritez du sens des responsabilités du Capricorne, avec lequel vous partagez Saturne, mais rejetez sa volonté de limitation : vous vous émancipez en **Maison XI**, celle de l'amour universel et du collectif.

Le GRAND QUIZ

À QUEL POINT ÊTES-VOUS VERSEAU ?

1. Votre passion
● Faire des crises de nerfs
◆ Expliquer aux autres pourquoi ils ont tort
▲ Vous cogner dans les coins de table

2. Votre mode de fonctionnement
◆ Demander conseil et faire exactement le contraire de ce qu'on vous a suggéré
● Vous rouler en boule
▲ Bâcler ce qui vous saoule

3. Votre paradoxe
● Être hyper-dur.e tout en étant hyper sensible
▲ Être tout le temps en colère et tout le temps content.e
◆ Être hyper-excentrique et psychorigide à la fois

4. Quand vous allez mal
▲ Vous criez dans un coussin
◆ Vous disparaissez pendant 5 jours à cause d'une crise d'angoisse pour revenir au boulot en mode winner
● Vous prenez un bain

5. Ce que vous détestez
◆ Vous sentir obligé.e de faire les choses
● Vous organiser
▲ Attendre

6. Votre hobby
▲ Ne pas vous reposer
◆ Être super objectif.ve dans les moments ultra-tendus
● Assortir vos draps

7. En amour
◆ Vous aimez qu'on vous laisse tranquille
● Vous aimez qu'on vous aime
▲ Vous aimez qu'on se taise

Majorité de ◆
Bravo ! Vous êtes un.e vrai.e Verseau !

Majorité de ● et/ou de ▲
Attention ! Vous pourriez très bien être Cancer ● ou Bélier ▲ !
Ajoutez un soupçon de détachement dans votre vie, soyez un peu plus étrange et vous atteindrez le super pouvoir de votre signe : être unique !

4 Accepter votre mission sur terre

Bouleverser le monde

C'est Uranus qui vous mène à prendre le contrepied de tout ce qui a été établi, tout en continuant l'oeuvre entamée en Balance : celle du lien social. Vous rêvez d'une entente universelle, de sororité et de fraternité : pour cela, vous savez qu'il faut tout revoir et repenser les rapports politiques, intimes, sociaux, spirituels. Votre inspiration est novatrice, et un peu rebelle.

5 Comprendre votre peur

Assumer vos souffrances

Votre côté saturnien, vous pousse à sans cesse chercher les limites de votre intimité : allié à la non matérialité de l'air, il vous rend parfois insaisissable et détaché.e. Vous avez de grandes espérances pour les autres, mais du mal à vous connecter avec vos faiblesses : vous ne voulez pas penser à ce que vous ressentez et élargissez toujours votre pensée à l'Humanité.

6 Relever votre défi

Trouver votre centre

En bon signe d'air, vous avez le sens du réseau mais vous vous sentez profondément en décalage avec le reste du monde : vous savez cacher cette particularité et brillez souvent par votre bon sens relationnel. Mais cette dissimulation peut engendrer de l'épuisement : vous avez la sensation de porter un masque. Si vous réussissez à mobiliser l'énergie du Lion, votre opposé complémentaire, vous assumez votre besoin de solitude et exprimez votre originalité dans toute sa splendeur.

7 Prendre conscience de votre atout

Votre ouverture d'esprit

Vous êtes un élément moteur du changement : vous savez envisager l'avenir, comprendre les mécanismes à l'oeuvre dans le progrès, qu'il soit social, artistique ou scientifique. Vous percevrez les lignes de forces qui se dessinent, les choses encore cachées à l'oeil des personnes moins perspicaces que vous et vous cherchez à pérenniser les nouvelles formes de pensée.

8 Découvrir votre quête intérieure

Vous manifester

Votre chemin spirituel est celui qui vous permettra de concilier votre sens du groupe et votre besoin d'individuation : une fois cet axe établi, votre croissance sociale et intime est sans limites.

9 Apprendre votre phrase puissante

« La fonction de la liberté est de libérer les autres. »

Toni Morrison est une auteure afro-américaine qui a boulversé la littérature : profondément humaniste, elle a exploré la question de l'identité dans son œuvre, qui a la rare particularité d'être à la fois très populaire et adoubée par la critique : elle a reçu le prix Nobel de la littérature en 1993.

La RÈGLE DE 3...

...BONNES RAISONS D'ÊTRE VOTRE AMI.E

Vous voyez le meilleur dans les autres
Votre perception de la réalité est à la fois très fine et influencée par vos capacités de décentration : vous réussissez à capter ce qui fait l'essence d'une personne, et, lorsque vous l'appréciez, à faire preuve de beaucoup d'admiration pour sa singularité. Vous donnez le sentiment à vos proches qu'ils sont uniques et précieux.

Vous savez écouter
Si vous savez tendance à ne pas assez vous écouter vous-même, c'est aussi car votre oreille est très attentive. Vous prenez toujours le temps de réfléchir aux problématiques de ceux que vous aimez. Votre vision du monde étant toujours différente de la norme, vous donnez des conseils inattendus, et d'une grande clairvoyance.

Vous êtes un esprit libre
Cela vous rend fun et parfois complètement imprévisible. Vous avez besoin de casser votre routine de temps en temps, et vous le faites souvent avec beaucoup d'éclat : avec vous, il n'y a pas d'âge pour faire n'importe quoi, quitte à briser quelques règles.

La singularité est votre carburant

...CHOSES À NE PAS FAIRE AVEC VOUS AU BOULOT

Être coercitif
Ce n'est pas l'autorité qui vous révulse : vous savez reconnaître la valeur de celles. ceux qui le méritent. Mais le manque de légitimité dissimulé derrière l'autoritarisme ne fonctionne pas avec vous : c'est l'influence d'Uranus ! Vous ne reconnaissez tout simplement pas son bien-fondé, ne vous soumettez pas à son influence et n'écoutez pas un traitre mot de ceux qui vous aboient dessus.

Manquer d'éthique
Vous avez des idéaux et pas le temps de les dévoyer : votre sens saturnien de la loi s'exprime dans vos propres valeurs et votre façon de voir le monde. Il est hors de question pour vous de vous abaisser à faire des choses qui ne vous paraissent pas justes.

Ne pas innover
Les crispations sur des procédés inutiles et la routine vous donnent envie de partir sans vous retourner : vous avez besoin de savoir que ce que vous faites, vous être utile et surtout d'amener de nouvelles façons de voir ou de rebondir.

L'avant-gardisme est votre saint patron

...CHOSES À ÉVITER POUR VOUS SÉDUIRE

Être intéressé.e
Vous n'avez aucune inclination pour les choses matérielles : votre sens du partage et votre envie de vous élever au-dessus des réalités triviales vous rendent hermétiques aux signes extérieurs de richesse. Vous évoluez en Maison XI, celle de l'Amour inconditionnel : vous savez appréciez les belles choses, mais ne les désirez pas forcément pour vous.

Ne pas rêver
Vous avez besoin de votre espace pour vous évader et si vous trouvez quelqu'un.e avec qui le faire, c'est encore mieux. Vous appréciez les gens qui ont le goût de l'imaginaire, qui vous permet de vous plonger dans vos livres, jeux ou séries préférés. Ceux qui s'ennuient ou qui se sentent désoeuvrés sont un mystère pour vous ; vous avez toujours quelque chose à explorer.

Troubler votre solitude
Éminemment sociable, votre équilibre tient beaucoup à votre temps libre et à la possibilité d'en passer une partie seul.e : l'absence d'interactions vous permet de recharger vos batteries, et être perpétuellement au contact des autres peut vite vous faire péter les plombs. Il vous faut trouver une ou des personnes qui acceptent de vous laisser dans votre bulle : vous sauter dessus pour raconter sa journée ou ses petits déboires peut profondément vous agacer.

La tolérance est votre kif

Verseau

Les stats du Verseau

Ses paradoxes

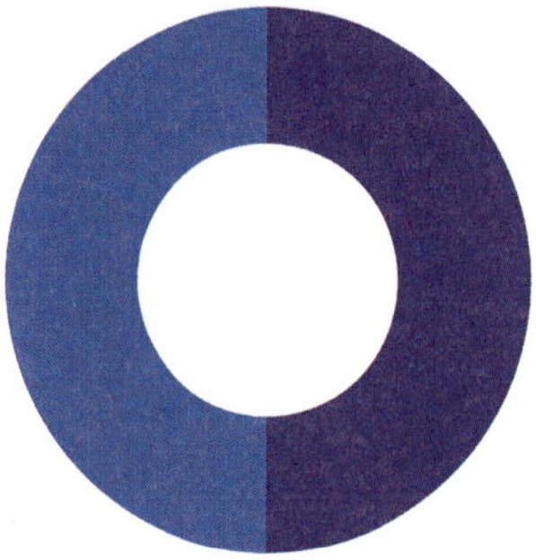

50 %
L'envie d'être plus sociable

50 %
Le besoin de ne pas écouter les arguments des gens

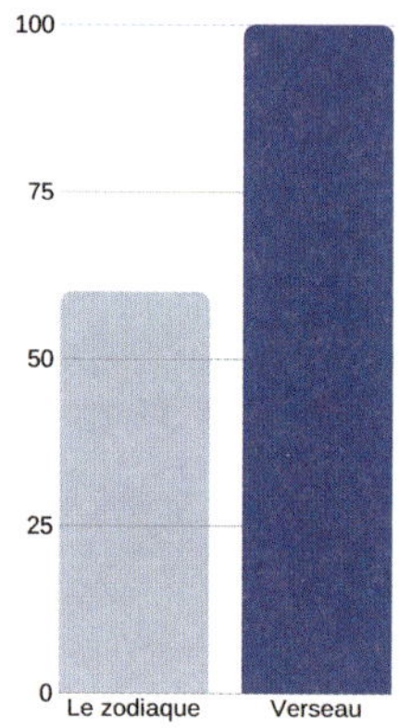

Ne pas vraiment s'impliquer dans la vie des autres, vivre dans sa tête, ne pas comprendre les drames que font les gens. Dire : « Mais qu'est-ce qu'il y a encore? ». Garder sa peine pour soi en toutes circonstances

Exprimer ses émotions

Sa vision du travail

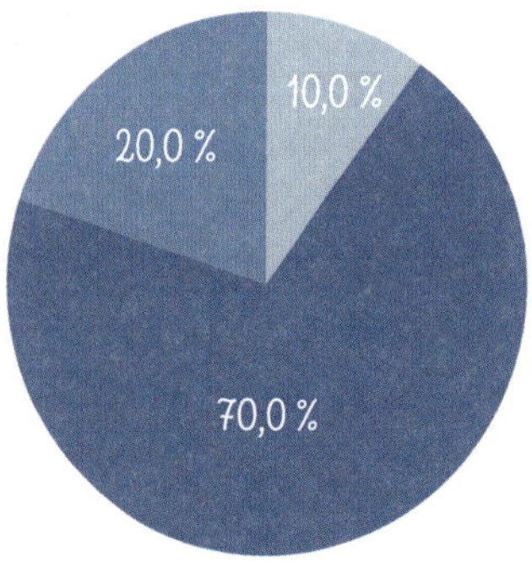

- Dire : « Non, je ne sais pas faire comme ça. »
- Bosser non-stop sans lever le nez, regarder les collègues qui paniquent comme s'ils étaient particulièrement étranges. Dire : « Je peux pas, j'ai mon cours de ping-pong. » (macramé, sorcellerie)
- Regarder des vidéos de chats.

Ce qu'il.elle veut vraiment

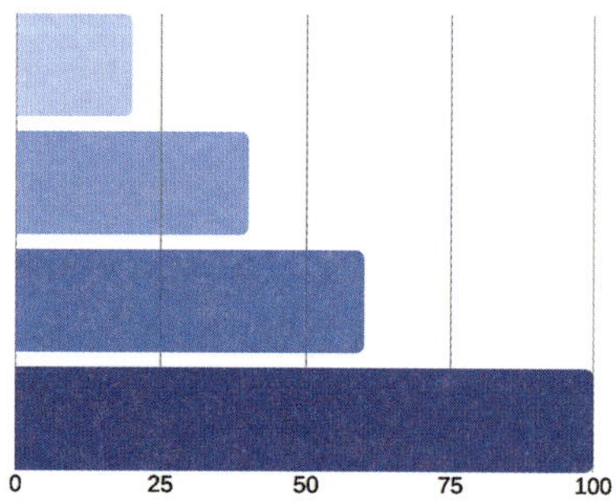

Zéro engagement avec les gens pénibles
Se consacrer à leurs lubies
Argumenter
Poser des questions sans écouter les réponses

11 signes pour vous faire évoluer, 1 seul pour vous défier

Votre opposé complémentaire : le défi Lion

La flamboyance du Lion vous impressionne, et vous êtes tous deux très sûrs de vous : **il vous pousse à affirmer vos particularités.**

Les signes qui vous entourent : l'amour-haine

Le côté un peu scolaire du Capricorne vous agace, mais vous êtes tous deux gouvernés par Saturne, qui rend vos personnalités complexes et profondes : **il vous apprend à ne pas tout remettre en question.**
La confusion du Poissons vous angoisse, mais vous partagez un imaginaire très riche : **il vous apprend à être moins critique.**

Les signes qui vous sortent de votre zone de confort

Le matérialisme du Taureau n'est pas votre truc mais il vous encourage à **ne pas vous perdre dans vos utopies.**
Les tourments du Scorpion vous terrifient mais ils vous encouragent à **ne pas vous déconnecter de votre ego.**

Les signes qui vous inspirent

L'esprit d'initiative du Bélier vous plaît : il vous donne envie de **persévérer dans vos projets.** La volonté d'absolu du Sagittaire vous parle : **elle vous donne envie de vous engager.**

Les signes qui vous soutiennent

Comme le Gémeaux, vous êtes un électron libre, mais il ne s'extrait pas de la réalité : **il vous aide à trouver des idées.** Comme la Balance, vous aimez ressentir des connexions intellectuelles, mais elle sait les transformer en sentiments : **elle vous aide à les ressentir.**

Les signes qui vous intriguent

La sensibilité du Cancer vous déstabilise mais **elle vous fait découvrir le pouvoir de prendre soin de soi.** Le côté auto-centré de la Vierge vous dérange, mais il vous fait découvrir **le bonheur de s'écouter.**

Poissons

9 ÉTAPES POUR ÊTRE BIEN DANS VOTRE SIGNE

1 Répéter votre mantra

Je veux tout accomplir !

2 Connaître votre symbolisme

Je me fonds

Votre Symbole : deux Poissons nageant dans des directions opposées. Ils représentent la fécondité de l'esprit et sa propension à aller vers les deux extrêmes : le Bien ou le Mal. Quand ils se suivent sans s'intégrer, c'est le chaos ; quand ils forment un cercle unifié, c'est la paix totale.

Votre Glyphe : ♓ deux arcs de cercles opposés, relié par un troisième : ce sont les deux ondes du glyphe du Verseau qui se sont rencontrées, pour réunir passé et futur !

Vos Planètes : Neptune et Jupiter. Neptune, autre figure du Dieu Poséidon, symbole des forces sombres et puissantes de l'inconscient est la planète du rêve et de la guérison. Conjuguée à Jupiter, astre de la chance et de la sagesse, elle vous confère une puissance psychique inégalée dans le Zodiaque.

Votre Mode : Mutable. Comme l'eau qui prend la forme du récipient qui la contient, vous vous adaptez à votre environnement et à ses variations. Dernier signe du mode mutable, vous êtes le plus protéiforme et le plus transformable.

Votre élément : Eau. C'est l'océan infini dans lequel tout se jette et tout se confond.

Votre énergie : Réceptive. Vous absorbez toutes les réalités et les rêves dans le grand tout de votre esprit.

Votre place dans le Zodiaque : le.la sage qui lâche prise. Vous êtes l'individu qui a tout vu, tout ressenti, tout expérimenté et qui retrouve l'indulgence de l'enfance.

Votre position : douzième signe. Douze est le nombre du cycle achevé : c'est celui des mois de l'année, du Zodiaque, des apôtres. C'est l'arcane du pendu dans le Tarot qui amène à celui de la mort, mais qui est aussi une renaissance.

3 Rebondir sur ce qui vous précède

La rébelLion du Verseau

Vous héritez de humanisme du Verseau, mais vous vous défaites de sa rationalité : vous la dissolvez dans la **Maison XII**, celle des Epreuves et du Secret.

4 Accepter votre mission sur terre

Élargir la conscience

Dernier signe du cycle, vous avez derrière vous toutes les expériences, les qualités et les défauts du Zodiaque : vous achevez un cycle. Cette expérience vous rend à la fois fragile et invincible ; vous vous sentez capable de tout et surtout de prendre le risque d'ouvrir votre esprit à tout ce qui pourra l'habiter. Il y a du danger dans ce processus, mais cette tâche ne vous fait pas peur.

Le GRAND QUIZ

À QUEL POINT ÊTES-VOUS POISSONS ?

1. Votre mode de fonctionnement
● Submerger les autres avec vos émotions sans même dire un mot
■ Faire le tri
◆ Chercher

2. Quand vous allez mal
◆ Vous ouvrez une conversation WhatsApp
■ Vous organisez votre penderie
● Vous vous persuadez que vous êtes un être de lumière tombé du ciel et que rien n'est de votre faute.

3. Lorsque l'on vous grille en flagrant délit de mensonge
◆ Vous mentez
● Vous ouvrez de grands yeux étonnés
■ Vous assumez

4. En amour
● Vous avez peur de décevoir. Vous fuyez. Vous retombez en amour.
◆ Vous êtes mal à l'aise avec les effusions
■ Vous compartimentez

5. Votre hobby
◆ Poster des choses sur Internet
■ Écrire
● Inonder vos proches de références artistiques obscures

6. Votre passion
● Changer d'humeur sans expliquer pourquoi : de toute façon, personne ne peut comprendre la complexité de vos sentiments
■ Arriver à l'heure
◆ Donner votre avis

7. Votre destin
◆ Est incertain
■ Est tout tracé
● Est une ligne sinusoïdale et infinie, pleine d'étoiles et de magie

Majorité de ●
Bravo ! Vous êtes un.e vrai.e Poissons !

Majorité de ◆ et/ou de ■
Attention ! Vous pourriez très bien être Gémeaux ◆ ou Vierge ■ !
Ajoutez un soupçon d'ambivalence dans votre vie, faites un peu n'importe quoi et vous atteindrez le super pouvoir de votre signe : la sagesse !

5 Comprendre votre peur `Tourner en rond`

Vous avez deux options : le bocal ou les eaux infinies de l'océan. Lorsque vous ne vous sentez pas assez solide, vous pouvez avoir des réticences à vous plonger dans l'immensité, car vous vous savez poreux.se aux émotions et connaissez votre tendance à la dispersion. Vous décidez alors de nager dans les eaux neutres de votre récipient, dont pouvez circonscrire les limites : mais vous tombez alors dans l'hyper-activité et le non-sens. Il vous faut trouver l'assurance nécessaire pour naviguer entre deux eaux et profiter de la variété sans fin de votre univers.

6 Relever votre défi `Vous recentrer`

Vous avez tendance à partir dans tous les sens : Neptune vous porte au rêve, et votre mode mutable vous fait prendre une infinité de formes différentes. Vous avez besoin de ramasser votre énergie et pour ne plus vous perdre dans les méandres de votre propre esprit : pour analyser votre chaos intérieur, rien de mieux que la ressource de la Vierge, votre opposé complémentaire. Convoquez en vous sa faculté d'auto-centration et elle vous aidera à nettoyer le superflu dans votre âme.

7 Prendre conscience de votre atout `Votre compassion`

Rien ne surpasse votre capacité d'identification. Vous avez l'impression de connaître toutes les joies et toutes les souffrances… et c'est un savoir global que vous ne pouvez pas exprimer par des mots : il prend la forme d'une intuition profonde et durable, d'une certitude que vous ne percevez pas forcément de manière intellectuelle. Vous possédez ce quelque chose que les autres n'ont pas : la conscience aiguë de l'impermanence des choses, qui vous fait dédramatiser.

8 Découvrir votre quête intérieure `Faire coïncider la volonté et l'amour`

Votre chemin est celui de la transformation, et de la réinvention : vous devez accéder à un état de fusion pour trouver qui vous êtes.

9 Apprendre votre phrase puissante

« La logique vous mènera d'un point A à un point B. L'imagination vous emmènera partout. »

Albert Einstein a oeuvré toute sa vie pour accéder à une compréhension intime des lois de l'univers, et du mystère intrinsèque de l'existence, tout en conservant un émerveillement enfantin et une humilité pleine de sagesse.

La RÈGLE DE 3...

...BONNES RAISONS D'ÊTRE VOTRE AMI.E

Vous êtes une vieille âme
Vous oscillez entre débordements puérils et analyses pleines de sagesse : c'est une véritable aventure émotionnelle que passer du temps avec vous ! Vous enveloppez ceux que vous aimez de cette inconstance originale et bienfaitrice, source de tous les émerveillements.

Vous ne fuyez rien
Rien en vous ne fait vraiment peur : vous avez le courage de ceux qui tentent tout. Votre perméabilité aux émotions occasionne de grandes périodes de stress, d'accord, mais vous ne lâchez pas vos proches que ce soit dans la maladie, la douleur ou l'auto-destruction. Même lorsqu'ils deviennent pénibles ou agressifs, vous essayez de garder le cap de l'amitié.

Vous donnez tout
... même quand on vous ne demande rien ! Vous avez tendance à aller au-devant des besoins des autres, car vous captez tout sans avoir besoin de parler. Cela peut vous porter préjudice quand vous tombez sur des personnes mal intentionnées, mais lorsque l'on sait accepter vos dons sans vous pousser trop loin, vous êtes la personne la plus précieuse qui soit.

La tendresse est votre carburant

...CHOSES À NE PAS FAIRE AVEC VOUS AU BOULOT

Avoir un ego débordant
L'affirmation agressive vous indiffère profondément : vous n'aimez pas les combats de coqs et visez autre chose qu'une place au sommet : la réalisation personnelle. La volonté de puissance vous distrait et suscite chez vous des petites phrases passives agressives mouillées d'acide.

Être négatif.ve
Vous avez la pudeur des grands mélancoliques : vos tourments intérieurs sont nombreux, mais votre sens du collectif vous pousse à ne pas les exprimer. Rien ne vous agace plus que l'étalage des doutes et de la démotivation : vous avez besoin d'émulation et de joie.

Manquer de flexibilité
Votre capacité d'adaptation est très grande : vous pouvez faire face à presque tout sans ciller, et trouvez des solutions inventives aux problèmes insolubles. Votre art de la déviation vous permet de proposer des chemins inédits, pas toujours conventionnels : refuser de les suivre vous apparaît idiot, voire complètement stupide.

La souplesse est votre sainte patronne

...CHOSES À ÉVITER POUR VOUS SÉDUIRE

Vouloir des explications
Vous avez beaucoup de mal à définir ce que vous ressentez car vous ressentez mille choses complexes à la fois. Vous faire cracher le morceau est impossible, la tâche épuisante et stérile : mieux vaut vous laisser vous faire comprendre à votre manière, c'est-à-dire de façon complètement détournée.

Vous juger
Vous êtes un être éminemment complexe et contradictoire : vous évoluez dans la Maison XII et vos envies, vos secrets vous paraissent souvent inavouables. Lorsque vous les exprimez dans la confiance, vous ne supportez pas qu'on les évalue.

Profiter de vous
On peut avoir tendance à confondre votre empathie avec de la faiblesse : c'est une grave erreur. L'Eau a une force d'érosion incroyable même si elle est presque invisible : vous cachez en vous la colère des raz de marée qui emportent tout. Votre élasticité peut prêter à confusion : une fois vos limites atteintes, il n'y a aucun retour possible.

L'acceptation est votre kif

Les stats du Poissons

Ses paradoxes

25 %
L'envie de se créer des limites

75 %
Le besoin de faire des conneries

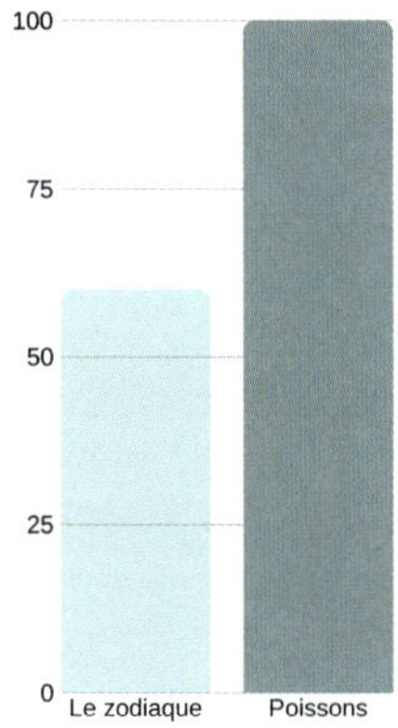

- Dire « On fait comme tu veux » et ne pas le faire, transformer sa tristesse en colère inexprimée, dire des trucs énormes de manière complètement inattendue et laisser les gens sur le cul
- Être moins passif-agressif

Sa vision du travail

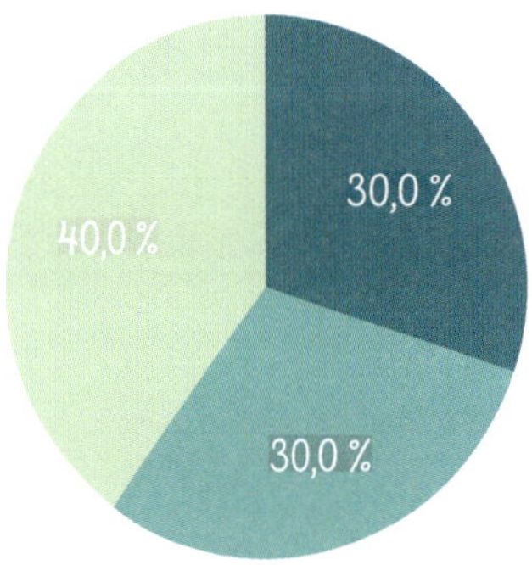

- Ne pas vraiment écouter les autres, les faire beaucoup répéter, être tellement chillax que personne ne s'énerve
- Secrètement mépriser ses collègues, les aimer bien quand même
- Dire des trucs hyper pertinents par accident, donner des conseils qu'on ne comprend pas soi-même

Ce qu'il.elle veut vraiment

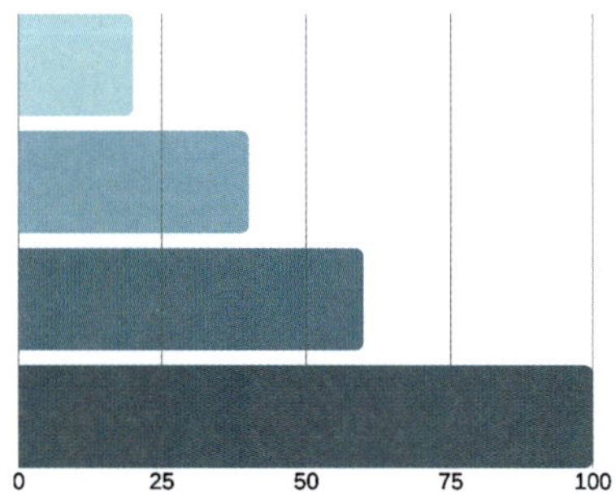

- Savoir ce qu'ils.elles veulent
- Savoir ce que les autres savent de ce qu'ils.elles veulent
- Qu'on devine ce qu'ils.elles veulent
- Savoir ce que veulent les autres

11 signes pour vous faire évoluer, 1 seul pour vous défier

✷ Votre opposé complémentaire : le défi Vierge

Les capacités d'analyse de la Vierge vous impressionnent et vous avez le même sens du dévouement : **elle vous pousse à améliorer votre quotidien.**

✷ Les signes qui vous entourent : l'amour-haine

L'avant-gardisme du Verseau vous plaît, mais son incapacité à appliquer ses intuitions vous agace : vous aimez tous deux le mystère et **il vous apprend à être plus logique.** La naïveté du Bélier vous amuse, mais sa précipitation vous angoisse : vous fonctionnez tous deux à instinct et **il vous apprend à faire des choix.**

✷ Les signes qui vous sortent de votre zone de confort

La précision du Gémeaux vous déstabilise, mais elle vous encourage à **trouver les mots exacts pour vous exprimer.** Le sens politique du Sagittaire vous effraie un peu, **mais il vous encourage à mettre vos idées au clair.**

✷ Les signes qui vous inspirent

La sensualité du Taureau vous plaît et vous donne **envie de vous reconnecter avec vos instincts.** L'ambition du Capricorne vous attire et vous donne **envie d'être plus responsable.**

✷ Les signes qui vous soutiennent

Comme le Cancer, vous laissez une grande place aux émotions dans votre vie mais il se connaît mieux que vous : **il vous aide à trouver qui vous êtes.** Comme le Scorpion, vous êtes attirés par les profondeurs, mais il ne fuit pas ses problèmes : **il vous aide à traverser vos douleurs pour savoir mieux vous comprendre.**

✷ Les signes qui vous intriguent

Le besoin de s'exposer du Lion est un mystère pour vous mais il vous fait découvrir **le bonheur de vous la péter un peu.** Le besoin de tout contrôler de la Balance vous laisse perplexe, mais il vous fait découvrir **la joie de donner son avis.**

LES PLANÈTES RAPIDES

	☉ Soleil / Votre personnalité de base	Ascendant / Ce que vous montrez	☽ Lune / Vos émotions profondes	☿ Mercure / Votre mental et votre communication	♀ Vénus / Vos relations et attraction	♂ Mars / Vos passions et votre énergie
♈ Bélier	J'existe	Spontané	De l'impatience	Directe	Naïve	Impulsivité
♉ Taureau	J'incarne	Déterminé	De la protection	Assurée	Sensuelle	Entêtement
♊ Gémeaux	Je cherche	Social	De la distraction	Curieuse	Légère	Versatilité
♋ Cancer	Je ressens	Sentimental	De l'empathie	Agréable	Attentive	Agressivité passi
♌ Lion	Je suis	Ouvert	De la passion	Flamboyante	Généreuse	Autoritarisme
♍ Vierge	J 'analyse	Sérieux	Du doute	Mesurée	Délicate	Critique
♎ Balance	J'harmonise	Engageant	De l'inadéquation	Élégante	Idéaliste	Dissimulation
♏ Scorpion	Je vois	Intimidant	De l'anxiété	Complexe	Intense	Inflexibilité
♐ Sagittaire	Je m'engage	Positif	De l'excitation	Dynamique	Entière	Témérité
♑ Capricorne	Je construis	Responsable	De la sagesse	Neutre	Engagée	Froideur
♒ Verseau	Je sais	Excentrique	Mystère	Analytique	Compréhensive	Détachement
♓ Poissons	Je me fonds	Adorable	Sensibilité	Intuitive	Totale	Dépendance

LES PLANÈTES LENTES

	♃ Jupiter / Votre expansion et votre sagesse	♄ Saturne / Vos limitations et vos peurs	♅ Uranus / Votre originalité	♆ Neptune / Votre perception	♇ Pluton / Votre pouvoir et votre transformation
♈ Bélier	Entreprenant	Dépasser mes limites	Mes idées	De l'indépendance	L'initiative
♉ Taureau	M'installant	Me lâcher	Mes ressources	De la stabilité	La possession
♊ Gémeaux	Comprenant	Faire confiance	Mon anti-confor-misme	De la variété	La recherche
♋ Cancer	Aimant	Sortir de la carapace	Ma solidité	De ma psyché	L'amour
♌ Lion	Idéalisant	Ressentir de la satisfaction	Ma puissance	De l'audace	Le combat
♍ Vierge	M'exerçant	Faire des concessions	Mon exemplarité	Du dévouement	La pureté
♎ Balance	Associant	Sortir de ma réserve	Mon charme	De la patience	Le partage
♏ Scorpion	Persévérant	Faire preuve de douceur	Ma vérité	De l'expérience	La concentration
♐ Sagittaire	M'exprimant	Mettre la barre moins haut	Mon enthousiasme	Du défi	La joie
♑ Capricorne	Construisant	Rêver	Ma structure	De l'élévation	L'ambition
♒ Verseau	Innovant	Comprendre mes intérêts	Mon humanité	De l'esprit	L'aspiration
♓ Poissons	Guidant	Me déculpabiliser	Ma bienveillance	De l'art	L'inspiration

© Hachette Livre (Marabout), 2020
Aucune partie de ce livre ne peut être reproduite sous quelque forme que ce soit ou par quelque moyen électronique ou mécanique que ce soit, y compris des systèmes de stockage d'information ou de recherche documentaire, sans autorisation écrite par l'éditeur.

© Shutterstock

Achevé d'imprimer par Macrolibros pour le compte des Éditions Marabout (Hachette Livre)
58, rue Jean Bleuzen, 92178 Vanves Cedex
Dépôt légal : mars 2020
ISBN : 978-2-501-14817-7
2786926